आदर्श भूषण

जन्म: 25 फ़रवरी 1996, सीतामढ़ी, बिहार

आदर्श कविताएँ और लेख लिखते हैं। अनेक प्रतिष्ठित पत्र-पत्रिकाओं व ब्लॉग्स में इनकी कविताएँ प्रकाशित हैं। यह पहला कविता-संग्रह।

ई-मेल: adarshbhushan@yahoo.com

एक अचानक के बीच

आदर्श भूषण

प्रथम संस्करण: 2023

ISBN: 979-8-88959-663-9

© आदर्श भूषण

मूल्य: ₹208/-

प्रकाशक: प्रतिबिम्ब, नोशन प्रेस का उपक्रम
संपर्क: नोशन प्रेस,
7, मांटिएथ रोड
एग्मोरे, चेन्नई, तमिलनाडु — 600008

Ek Achanak Ke Beech

Poems by Adarsh Bhushan

पापा के लिए

अनुक्रम

वही बचेगा

बचेगा वही
जो रचेगा
ईश्वर की तरह नहीं
मनुष्य की तरह

पत्थर बींधते
चाक घुमाते
कलम चलाते
उगाते धान
पालते हुए गर्भ में
एक नया प्राण

बचेगा —
कल्पनाओं में नहीं
स्मृतियों में
किंवदंतियों में नहीं
मानव-गान में

बचेगा लेकिन
बचता-बचाता हुआ
रोटी कमाता हुआ
ताँगे दौड़ाता हुआ
पहिया घुमाता हुआ

विधाता की तरह
दीर्घकाय भवनों के ख़ाली कमरों में
या शिलाओं की निष्प्राण भीड़ में नहीं

आदमियों के बीच
आदमियों के साथ
आदमियों की-सी ऊँचाई पर
रचता रहेगा
बचता रहेगा।

आदमी का गाँव

हर आदमी के अंदर एक गाँव होता है
जो शहर नहीं होना चाहता
बाहर का भागता हुआ शहर
अंदर के गाँव को बेढंगी से छूता रहता है
जैसे उसने कभी गाँव देखा ही नहीं

शहर हो चुका आदमी
गाँव को कभी भूलता नहीं है
बस किसी से कह नहीं पाता कि
उसका गाँव बहुत दूर होता चला गया है उससे
उसकी साँसों पर अब गाँव की धूल नहीं
शहरी कारख़ानों का धुआँ ससरता है
उसके कानों में अब मवेशियों के गले की घंटियां नहीं
तिगड़म भरी गाड़ियों की आवारा चिल्ल-पौं रेंगती है

हर आदमी, जिसका गाँव शहर हो चुका है
उसका गाँव बौना होता चला जाएगा
अपने बाटों को मिटाते हुए
अहातों में किवाड़ें लगाते हुए
चौक पर पहरेदार बिठाते हुए

शहर को चिढ़ लगी रहती है कि
गाँव रुका हुआ है
वह बार-बार जाकर उसको टोकता है

खंगालता है, खोदता है
उसके रुके हुए पर अफ़सोस प्रकट करता है
अपना बुशर्ट झाड़ता है
आँखों पर एक काला पर्दा चढ़ाता है
और दुरदुराते हुए निकल जाता है

हर आदमी, जो गाँव लिए शहर होने चला आया है
वह नहीं जानता
शहरी तौर-तरीक़ों की ऊटपटाँग भाषा
और आवाज़ों की उलझनें कि
यहाँ कम बोलना होता है
कम खाना होता है
कम ओढ़ना होता है
कम सोना होता है

धीरे बोलनी होती है अपनी गँवई बोली
धीरे-धीरे खिसकानी होती है थाली
धीरे फटकनी होती है चादर
धीरे माँगनी होती है नींद

ज़्यादा करनी होती है चापलूसी
ज़्यादा देना होता है धक्का भीड़ को
ज़्यादा बरतनी होती है औपचारिकता
ज़्यादा बघारनी होती है शेख़ी
ज़्यादा बजाने होते हैं गाल
ज़्यादा ख़र्च करनी होती है जीविका

हर आदमी, जिसका गाँव किराए पर
बिताता है जीवन शहर में
एक सपना क़िस्तों में देखता है कि
क़िस्तें बरामद कर ढूँढ़ लेगा
गाँव तक जानेवाली सड़क

हर आदमी के अंदर का गाँव
लौटना चाहता है, जहाँ से वह आया था
या उसे आना पड़ा था

आदमी भले लौटे न लौटे
गाँव लौटना चाहता है
शहर को वैसा ही छोड़कर
जो वह होना नहीं चाहता।

किसका गुलाब

जिनका नहीं है गुलाब
जिनकी नहीं है चाँद-रात
जिनके महबूब नहीं हैं
जिनका नबी खो गया है
जिनके हिस्से का प्रेम
नहीं लिखा गया उनके हिस्से

लेकिन जो फिर भी ताकते रहेंगे गुलाब
काटते रहेंगे रात
करते रहेंगे महबूब को याद
ढूँढ़ते रहेंगे खोया हुआ नबी
माँगते रहेंगे अपने हिस्से का प्रेम

जो करते रहेंगे विश्वास इस दुनिया पर
आज के लिए
कल के लिए

जो बीत-बीत जाएंगे
जो लौट-लौट आएंगे

जिनके होने से है
इस गुलाब में रंग और सुगंध

लेकिन जो देख नहीं सकते उनका गुलाब

जो छू नहीं सकते उनका गुलाब
जो ला नहीं सकते उनका गुलाब

एक गुलाब उनके लिए।

गिलहरी कहाँ रहती है

1.

कहाँ मैं मनुष्य होने की दलदल में फंसा
छटपटा रहा हूँ —
एक अधमरे ठूँठ की गोलाई बनता हुआ
सदेह पड़ा जीवा पर

धूप-छाँव के खेल में
निर्दिष्ट कि
यहीं रहना है
यहीं इसी नियत दैनंदिनी में
भोगने हैं सारे ज्वर और ज्वार

यहाँ, जहाँ रुके हुए की गति में
श्वास पर है एक सीमित बोझ
और एक भाषा का अपरिमित दुःख

कहाँ मैं मनुष्य होने की दलदल में फंसा
भीड़ के अट्टहास में
मनुष्य होने के नियमों से प्रतिबद्ध

कहाँ मुझे होना था गिलहरी
एक पेड़ से दूसरे पेड़ की डेंग भर नाप के बीच
तोड़ते हुए दौड़ने का अनुशासन

कहाँ अभी बटोरनी थी जिजीविषाएं
अपनी अर्भक हथेलियों में
बचना था मनुष्यतम भीड़ों में
खींचते हुए किसी संवेदनशील कवि की
खोती हुई दृष्टि अपनी अठखेलियों के आस-पास

कहाँ पानी थी दो मूँगफलियां, एकाध अखरोट
पका हुआ ऊपरली डाल पर अभी-अभी दिखा वह दिव्यफल
छिपाने थे बीज
गुप्तचरों के गोपनीय दस्तावेज़ों की तरह
कोड़कर मिट्टी की हथेली भर देह

कहाँ मुझे अपने होनेपन की सारी परिभाषाओं में
जब होना था गिलहरी —
एक मनुष्य होने की निर्मूल प्रक्रियाओं में
अपने होने की जगह खोज रहा हूँ

वह जगह —
जिसे गिलहरी की दौड़ में
ढूँढ़ती है दुनिया कि
गिलहरी कहाँ रहती है?

2.

भाषाओं में नहीं थी जगहें
न ही था इतना धैर्य कि
एक भागते हुए मन को आवाज़ देकर हौले-से रोक लें
बुला लें पास, जिसमें न संदेह हो, न सकुचाहट

फैले हुए शब्दों को आस-पास ही चुनते रहने की
और कोई बड़ा शब्द बैठकर कुतरते रहने की

सरपट भागती हुई सीढ़ियां
सीधे खड़े पेड़
टेढ़ी-मेढ़ी ऊबड़-खाबड़ मेड़ें
आड़ी-तिरछी दीवारें
और गुज़रते हुए राहगीरों के चप्पलों-जूतों की थाप के बीच कहीं
अपने होने की जगह खोजता रहा

मन हमेशा गिलहरियों की तरह भटकता रहा
एक डाल से दूसरी डाल
एक छाँव से दूसरी छाँव
जिस मन को कहीं डिगना नहीं था
वह इकट्ठा करता रहा छोटी-छोटी कोशिशें
ताकि जब प्रेम आए
एक लम्बी शीत ऋतु का भेष धरकर
तब तुम्हारे लिए इस गिलहरी के कोटर में
सिर्फ जगह नहीं हो
कुतरने के लिए दुनिया का एक इकट्ठापन हो
और इस प्रेम-ऋतु को जीने के लिए
एक लम्बा गहरा चैन।

3.

एक अनकही इच्छा तक रोज़ लौटना
कितना मुग्ध कर देता है कि
अभी बचा हुआ है कुछ पूरा होने को

एक दौड़ बाक़ी है अंतिम
भले लड़खड़ाती ही क्यों न हो

कहीं भी रहता आया होऊँ
नज़रें दौड़ाकर तुम्हें ज़रूर ढूँढ़ा है मैंने
उदासी चेहरे पर भले एक नक़्शा उकेरती हो
भर्राई हुई आवाज़, जो कंठ से निकल भी नहीं पाती
उस अकंठ स्वर से भले ही ख़ुद को कोसता रहा होऊँ
लेकिन दो-चार फुटकर पुचकारें और किलकती हुई
नन्ही आहटों से तुम्हारे दौड़ते हुए छोटे-छोटे पाँव
फुदकती हुई पूँछ, जैसे कोई विजय-पताका हर क्षण लहरा रही हो और
पतली मूँछों पर बार-बार फिरते हुए दोनों हाथ कि
अभी एक सरपट दौड़ लगानी हो
तुम्हारी इस अर्भक देह के मोहपाश में पता नहीं कितने जन्मों से बँधा हूँ

तुम वही सदेह इच्छा हो
जिसे किसी से नहीं कहा मैंने
लेकिन ढूँढ़ा है हर रोज़
पाया है हर रोज़ उसी तरह सलामत
कुछ-न-कुछ कुतरते हुए
कहीं-न-कहीं भागते हुए

मैंने ऐसे संसार की कल्पना भी नहीं की है
जिसमें तुम न हो –
मेरे कल्प के जीवट साक्ष्य
मेरा मन यदि एक शरीर पाता
तो तुम-सा होता
गिलहरी!

4.

जब-जब मैं पेड़ हुआ
कंधे फैलाए लदा मौसमों से
मेघ से – सस्य से – उबसते रहस्य से
अंधेपन की हरियाली से भरा
शल्ल पर सिहरते-बिखरते वात्सल्य को पाया
आपादमस्तक दौड़ते प्राण को देखा मैंने
नन्हे जीव की तन्वंग काया में
सूखे किसी अंग पर भी फुदकता स्नेहिल स्पर्श
विश्वास से भरता रहा मुझे कि
मैं पेड़ नहीं —
गिलहरी हूँ

यह पेड़पन तो बस एक भ्रम है दुनिया की आँखों में
इस स्थावर देह की गति
अपना ओक इतना फैला देने में है कि
गिलहरी होने की चपलता को नापने के लिए पूरी आकाशगंगा मिले
कुतरने के लिए रुई के पहाड़
और खेलने के लिए अनगिन तारिकाएं

जब-जब मैं घास हुआ, बाँस हुआ
रेत हुआ, खेत हुआ
छत हुआ, मुंडेर हुआ
आकांक्षाओं का ढेर हुआ
ओस हुआ, नमी हुआ
इतना कि आदमी हुआ

अपने होने में यह मानता रहा कि
मैं इनमें से कुछ नहीं —
गिलहरी हूँ।

5.

तीक्ष्ण आवर्त कंठ-संगीत
नहीं मिलाने देता सुर में सुर
इतना जंगम लघुकाय शरीर और
प्राण की व्याकुल चपलता
नहीं खोजने देती अनुगम

हथेलियां अखरोट संभाले बैठी रहतीं हैं
मन फुदकती हुई अठखेलियों की बाल-चेष्टा में फँसा रहता है

प्रेम हमेशा एक गिलहरी के पास आने की
प्रतीक्षा की तरह रहा।

6.

मानव सभ्यता से पहले से ही हैं
गिलहरियां यहाँ —
इयोसीन युग से ही
इस हिसाब से प्रतीक्षा गिलहरियों के हिस्से अधिक आई
इसीलिए प्रेम भी उनके हिस्से अधिक आया।

भिश्ती की नींद भी पानी का एक सपना है

हमारी ईंटें धूप से पगी थीं
हमारे ख़ून का लोहा टनटनाता था
आबादियों से हड़बड़ी की मुठभेड़ में
हम क़तारों में इतना पीछे थे कि
एक पाँव नाली में भी रखने को तैयार थे

हमारी भूख में खेतों की भी भूख थी
हमारे वज़न में मिट्टी का भी वज़न था
हमारी नींद में सोती थी रातें
हम जागते हुए दिन में जुगनुओं की तरह थे —
प्रत्यक्ष और परोक्ष की मांझ में फंसे

हमारी देहरियों पर अनागत-विधाता के पदचिह्न थे
हमारे मनों से देवालय जा चुका था
अपनी सीमाएं समेटे क़स्बे के किसी सज्जन कोने में

हम वर्जनाओं के जर्जर पुल पर
हाथ जोड़े खड़े थे
शताब्दियों की पंक्ति में

हम कंकड़ थे —
जिन्हें किसी ईश्वर के नालायक दूत ने
आबादी में मिला दिया होगा
फुटकरों की भूख में सानकर

हम प्यादे —
ज़मीन की ऊष्मा और शीत के थर्मामीटर
पहुँचे देर से
गीतों में, रीतों में
नाटक, कविताओं में
साहित्य की निविदाओं में

हमें सुना जा सकता था
झींगुरों की तरह घुनघुनाती आवाज़ों में
खोजा जा सकता था
मतदाता सूची के बाहर
घमाए चेहरों में

हमने आंतें तक फैला दीं —
आनेवाली संततियों को कुएं से बाहर धकेलने
(लेकिन यह जंग खाई हुई क्रूर दुनिया
रोटी देकर सपने छीन लेती है)

हम देखेंगे फिर भी सपने
भले उसके लिए सूरज की ओर ताकते
आँखों का पानी सूख क्यों न जाए —
हम रेगिस्तान की आँखों में
पानी का सपना देखेंगे

पानी ही बचा सकता है
हमारी रेत होती आँखों को
रेगिस्तान होने से

(भिश्ती की नींद भी पानी का एक सपना है)

हम पैदल के टखनों में पंख का सपना बाँध देंगे
हम दौड़ेंगे —
हमें नस्लों की दौड़ से आगे निकलना है

हम भूख की परती पर रोटी का सपना बो देंगे
हम आएंगे —
उगते हुए।

वसंत

यह उड़ता हुआ वसंत
आ गिरता है खरखराती पत्तियों के शोर पर
और आसमान का नीलापन थोड़ा और नीला
ज़मीन की हरियाली थोड़ी और सब्ज़
मन का पीतांबर थोड़ा और पीत होता हुआ
पुकारता है भूली हुई
उस थोड़ी-सी याद को

धूल उठती है
और माथे लगती है
ज्यों प्रकृति कर रही हो तिलक
मनुष्य के और मनुष्यतर होने की ढुलमुली आस में

यह वसंत
जिसमें बजता है सारे उदास मौसमों का विस्मृति-राग
जहाँ दूर कहीं उठती है कूक
महकते हुए महुए की भीनी गंध को चीरती हुई
बैठती है आम पर आए बौरों में

हतप्रभ हो देखता हूँ
अरसों पहले सरसों के किसी फगुआए फुनगे पर छूटा वसंत
लौट आता है हर बरस
अपनी बची हुई लौटने की जगह पर

यह उदात्त मौसम
यदि नहीं लौटा, तो पार नहीं पाएगा पतझड़
नहीं होगी मन में अथ की कोई घिरी हुई चाह
बंजरों पर फिसल जाएगा पानियों का मोती
राख नहीं बैठेगी अपने भीटे पर
चिड़ियों का कलरव-गान नहीं सुनेगी मही
काश्तों को नहीं मिलेगा त्राण

यह वसंत आता है
फिर-फिर इसी जुगत में —
धरती को थोड़ा और धरती बनाने के लिए
आकाश को थोड़ा और आकाश
आदमी को थोड़ा और आदमी।

कोडेड भाषा

भाषा में वह चिड़िया थी
उसे मैंने पुकारा —
ओ चिड़िया!

वह शब्द उसकी ओर उड़ा
और चिड़ियों की पांत के बीच जाकर बैठ गया
डाल थोड़ी झुक गई
चिड़ियों की जनसंख्या में एक बढ़ गया था शब्द

इस तरह जब-जब
तोतों, गौरैयों, कबूतरों, बुलबुलों, बत्तखों इत्यादि को
नाम से पुकारता
एक-एक शब्द बढ़ता जाता
भाषा की ओर से

एक चिड़िया भाषा की ओर से उड़ती हुई
चली जाती सब चिड़ियों की ओर

भाषा में जब वह पेड़ था
उसे याद था
किसी ने सहलाते हुए
उसे गुठली फोड़कर निकाला था
और कहा था —
अहा! आम का पेड़

वह शब्द उसकी स्मृति में अब तक है
जब उस पर पहली बार बौर आए हैं

इसी तरह नीम को याद है
किसी ने उसकी ओर इशारा करते हुए
बताया था अपनी नन्ही पीढियों को —
देखो! वह नीम है

बबूल को अपना बबूलपन भी इसी तरह पता है
और जामुन-पीपल को याद हैं लोककथाएं

भाषा में जब वह आदमी था
पुकारे जाने पर —
ओ आदमी!

वह नहीं रुका
नहीं मुड़ा

और भी यत्न किए
पुकारा —
ओ हिन्दू
ओ मुसलमान! ईसाई! सिख! पारसी! जैन!

अचानक कई-कई गर्दनें मुड़ जाती थीं
कई-कई वारदातें लौट आती थीं
कितने जिरह
कितनी दलीलें
उनमें से नहीं चीन्ह पड़ता था आदमी

आदमी को नहीं याद था आदमी होना
उसे कोडेड भाषा में
एक नाम चाहिए था

भाषा में जब वह कविता थी
मैंने उसे पुकारा —
ओ कविता!

उसने सुना —
मेरी ओर देखा
एक संबोधन की दृष्टि से और
मुस्कुराई

भाषा में वह स्पष्ट थी
हमारे होने की जगहों की तरह।

ईषत्

चीख़ को भाषा में कैसे लिखा जाए
उसी तरह पीड़ को भी
कानों में तहोतह बजती
चुप्पियों को भी

जकड़ को
भाषा में लिखने के लिए
कितनी परतंत्रता लगेगी तौल में

हत्या को
भाषा में कैसे लिखा जाए
हत्यारे की ओर से

हिंसा को
भाषा में लिखने के लिए
किस पक्ष में होना होगा

मृत्यु को
भाषा में कैसे लिखा जाए
जीवन की ओर से

अर्थी की भाषा में
मृतक एक सजीव शब्द है
अंतिम यात्रा को जाता हुआ शव

उस पर लेटा यात्री ही तो है
विराम की गति में
जीवन की उल्टी दिशा की ओर जाता हुआ

चीख़ भाषा में पर्याप्त चीख़ नहीं है —
विशेषणों के लदेपन के बाद भी
पीड़ा पर्याप्त पीड़ा नहीं
चुप्पी पर्याप्त चुप्पी नहीं

जकड़ की अतिरिक्तता बनी रहेगी
भाषा से बाहर
अधिक और अधिक

प्रायोजित हत्याओं को न्यायिक हत्या कहने के लिए
भाषा में कितनी होती रहेगी फेर-बदल
फिर भी हत्याएं संख्या में अधिक होंगी
और भाषा में कम

हिंसा को भाषा में
हिंसा लिखते हुए
हिंसक होने से बचना होगा

मृत्यु को भाषा में लिखते हुए
मृत्यु की ओर से लौटना होगा बार–बार
एक अंतिम यात्रा की प्रतीक्षा में।

घोंसले की जगह

इस दसफुटे व्योम में
भँवरती हुई एक फुदगुदी
नहीं चुन पाई
घोंसले की जगह

वह आई
जैसे एक बड़े आकाश से एक छोटे आकाश की ओर
उड़ान को धीमा करते हुए
नन्हे फुरफुराते पंखों की दीर्घता को
अन्यमनस्क होकर नकार दिया हो

बड़े-से वट या खड़ी-सी नीम पर
उसकी ऊँचाई की ओर
लपकती चीलें और माँस के नुचखौए मुए काग
लहरती हुई डाल पर
लहराता हुआ विषधर कोई
नहीं देखते सँवरते दिन का उजास
या करियाती रात का धुँधलका

इस दसफुटे व्योम में
उस फुदगुदी का व्योम कैसे समाएगा
इसके तिर्यक बंधों पर भी
किसी की आँखों की छाप के मिटते हुए भित्ति-चिह्न हैं

मेरी पीठ पर माघ की डहडही दुपहरी उगी हुई है
छाती पर आषाढ़ की चोटे हैं
हाथ पर चैत के अचानक से फिसलने के निशान हैं
आँख में वही —
वही बसंत का एक जीर्ण स्वप्न
और अगहन की टूटी हुई काँच

वह, जो अपने पंखों पर पूरा आकाश लादे उड़ रही है
वह, जिसका घर मेरा भी घर था
घोंसला, मेरा भी घोंसला
मेरे हिस्से के घर में अपना घर ढूँढ़ रही है
मेरे हिस्से के आकाश में अपना आकाश
मेरे हिस्से के मौसमों में अपना मौसम

वह नहीं जानती —
मैं भी उसकी भीतियों का हिस्सा हूँ
मेरे लोगों ने ही उसके घर उजाड़े हैं
उसकी आत्मा छीनी है
उसका आकाश हथियाया है

यही लोग चील थे
कौए थे, सांप थे
मेरी भी परिभाषा इन्हीं परिभाषाओं में से एक हो सकती है चिड़िया!
इस मानुष गंध से दूर उड़ो
इस पौरुष गंध से
दूर बनाओ
अपनी कल्पनाओं के आकाश का सजीव चित्र

उसकी देह नहीं जानती
हमारी संततियों का सच
लेकिन आत्मा जानती है
इस बंदीगृह का रहस्य

इसीलिए शायद
इस दसफुटे व्योम में
भँवरती हुई एक फुदगुदी
नहीं चुन पाई
घोंसले की जगह

चिड़िया कहाँ रहेगी!

कतिपय

मुझमें जो संगीत था
वह अंतर के निर्वात से तब बाहर आया
जब तुमने उसे गाया

मुझमें जितना सामर्थ्य था
वह दीख पड़ने में कहीं ओझल
विस्मृत आत्मा के किसी कोटर में
प्राकट्य की शीत से सहमा
साधन बटोरे दूर उजास के
मात्र उच्छवासों की परिधि पर
लोटता करवट बदलते

उसे जीवन की ओर तुमने खींचा
और सारे पहाड़ कट गए अचानक
जैसे ओझल और उजास के दिन अब बराबर हो गए हों

मुझमें जो चाहनाएं थीं
उनमें रंग तब आए
जब तुमने अपनी इंद्रधनुषी हथेलियां फेरीं
ललाट पर सहलाते हुए
आत्मा को अल्पनाओं से भरा
तुम वही इच्छा थी, जिसमें मुझे रंग दिखते थे
सारी कल्पनाओं में एक इच्छा की तरह

मुझमें जो दृष्टि थी
उसमें एक रिक्त व्योम था
उन रिक्तियों को तारिकाओं, नक्षत्रों, ग्रहों और
सारे संभव खगोल से तुमने भरा
उत्तर की सीध का ध्रुव और सतबहिनों का तारामंडल
जीवन के मेचकों और आगवाह में भी
तुम्हारी आँखों में कितना स्पष्ट है

मुझमें सारी यात्राएं लौट चुकी थीं
एक अनमनी प्रतीक्षा और अथ के सीमांतों पर
देह बह चुकी थी एक मृत प्लवन की इति की दिशा में
तुम मुझे गंतव्य की तरह मिलीं
पहुँचने के सारे अड़ियल रास्तों से पूछती हुई
एक अपग का पता

मुझमें कुछ नहीं था —
जिन्हें तुमने अर्थ दिए
उपमाएं दीं, प्राण दिए
वह विटप अपनी छाया की विस्मृति में बस ठूंठ था
तुमने छाया दी — जीवन दिया।

कागभगोड़े

नहीं है आदमी में
आदमी होने की जगह
वह सारी जगहें महानगरों में नीलाम कर दी गई हैं

आदमी में बोलने की जगह नहीं है
सुनने की जगह नहीं है
तब आदमी क्या आदमी होने की जगह पर है?

वह आदमी हाथी पर बैठा
चींटियां कुचलने की बात करता है
कुर्सियों पर बैठकर और कुर्सियां बनवाने की बात करता है

वही आदमी चींटी पर बैठकर
क़तारों में कर रहा है कुचले जाने की प्रतीक्षा
वही आदमी कुर्सी का पाया है चरचर्राता हुआ

वही आदमी हाथी भी है और चींटी भी
अपनी-अपनी जगहों पर
आदमी नहीं होता हुआ

वह आदमी —
आदमी होने की जगह पर
प्रस्तावना हो गया है
सांत्वना हो गया है

अतिशयोक्ति हो गया है
आश्वस्ति हो गया है

(आदमी होने की रिक्ति हो गया है)

आदमी;
आदमी लगने के अपभ्रंश में
आदमी कम —
हॉर्न अधिक लगता है
गाली अधिक लगता है
नारा अधिक लगता है
ताली अधिक लगता है

आदमी में आदमी होने की जगह पर
बिजूके उग आए हैं
माँसल देह लिए

हवा जिस ओर
उस ओर धूहों में डोलते हुए
कागभगोड़े!

अ-मंगलाचार

जागते हुए दिन में भी
अंधेरे के चमकने की एक जगह होती है

वह जगह हत्या और दमन के घटते हुए समय में
आत्मा को दोफाड़ करती हुई
धंस जाती है —
प्रश्नवाचक और विलाप या शोक से भरे विस्मयादिबोधक चिन्हों की तरह
अटकती हुई – खटकती हुई

जैसे कटार हो या भाला
उत्पीड़क की ओर भांजा गया पैंतरा
या फिर सत्ताधीशों के ठहठहों का लोमड़पन

नालों के सिरों पर रेंगती हुई
जनसंख्या पर थोपे गए प्रश्न
नालों से ही बहकर आते हैं पास
अवसरवादिता के दंभ और
पूंजीवाद के दुर्गंध से भरे

गिट्टी और डामर जैसी
कुचली हुई आबादियों पर
रोलर और बुलडोजर चढ़ते आते हैं
भविष्य को बचाए रखने की
छिटपुट महत्त्वाकांक्षाओं को करते हुए सपाट

बने सरकारी यम के दूत
हरते हुए प्राण
भूख और दुत्कार से लड़ती जिजीविषाओं के

भेड़िए अब उघाड़ से नहीं डरते
गिद्धों को मुर्दों की भीड़ के स्वप्न आते हैं
मार देने के नए फ़ासीवादी तरीक़ों के
नेपथ्य में कुपोषित मंगलाचार
और नारों का पुष्ट बलाघात है

इसी किसी सोती हुई रात के
दूधफटे उजाले के बीच का
एक रतजगा मुंह फाड़कर चिल्लाता है —
जागते रहो! जागते रहो!

अप्रैल

हमारे मिलने की
सारी अप्रत्यक्ष-अदृष्ट जगहों और प्रारब्ध की सधी हुई क्रीड़ाओं के किनारे
घाट पर बैठा चैत —
मुक्तिबोध की किताबों में टूटकर गिरी हमारी बरौनियां
अलग–अलग तारामंडलों से
या कोई रची हुई लीला घबराए हुए शब्दों से
बुनती रहीं कोलम्बस का किनारा

जीवन के गझिनपन में
तुम आईं
अचानक आए अप्रैल की तरह
आम और महुआ पर चढ़े बौरों पर सुगंध और बढ़ गई
अनुपस्थितियों की कल्पना का भूगोल पलट गया
अनावृत्तियों में भर आया आवृत्तियों का वर्ण

उदासियों का माघ बीत गया
माघ के अगुताए हुए दिनों की झुर्रियों पर से
उतर आया केंचुल
इल्लियों की रेंग में भर आई उड़ने की व्यंजना

ऊंचाइयों से फैलती हुई आवाज़ों की लौट में
तुम्हारा नाम लौटता हुआ आता है
सुनने की कोशिशों में फूल बनकर बैठता है
श्रुतियों की चेतना पर

साथ की दिशा के नवजात शब्दों में
कहने और सुनने की जिज्ञासाओं की
तुतलाहट और अबोलपन था

हमारे मिलने का अप्रैल
अब घनी रात में
आसमान की ओर झाँकता एक घर है

हम अचानक पृथ्वी होते हुए —
सारे खगोलों के बीच का एक खगोल।

पिता के लिए

1. गति

पिता चले गए
एक वाक्य के पूरा-पूरा लिखे जाने से पहले
उसमें से हटा लिए गए अनिवार्य शब्द की तरह
जिसकी रिक्ति आजीवन किसी भित्तिशेष का व्यास धर
खाती-कचोटती रहेगी

शब्द, जो मौन की तरफ़ चलता चला जाता रहा –
मैं आवाज़ों की ओर ढूँढ़ता रहा जिसे
शायद एक कराह, एक पुकार
या एक भिन्न मौन, जिसकी आवृतियों के तह नहीं खोल पाया

अपने जीवन के ऊसर पर यह पसरता अकाल और
उस पर मंडराते हुए समय के गिद्धों को
इन्हीं खुली आँखों से देखता रहा –
खोजता रहा अपनी कटी हुई उँगलियां
नुची हुई पिंडली
गड़ा हुआ धड़

पिता बिना कुछ कहे चले गए
प्रतीक्षा की भाषा में मैंने पहली बार 'हताशा' शब्द पढ़ा
वह शब्द और गहराता चला गया
इच्छा और प्रारब्ध के बीच
उनका कहा सब याद करने की कोशिश करता हूँ लेकिन

एक अंतिम गहरे मौन से अधिक कुछ नहीं जोड़ पाता
स्मृतियों के रिक्थ में

पिता का शरीर जब अंतिम बार देखा
उस पर एक गहरी चुप्प के साथ एक विस्मयी स्मिति थी
उस स्मिति की भाषा शायद कभी नहीं समझ पाऊँगा —
एक लम्बे युद्ध के बाद क्लांति को मिली विश्राम की जगह
एक अंतिम विदा का खगोल
एक उजड्डु सच का हठ
एक उन्मन यात्रा का पाथेय
या एक सातत्य अभिनय।

2. स्मृति

तुम आओगे —
मैं जानता हूँ
या तो प्रश्नवाचक चिह्नों से पहले
या फिर विस्मयादिबोधक चिह्नों के पार

सकल रूप धर न भी आओ
सरसराती हुई हवा या खड़कते पत्तों की-सी दबी आवाज़ में
दूर आकाश में देर रात उड़ते किसी वायुयान के गुज़रने की आहट में
भात के फदकने के रव में
या जब-जब कोई पुराना स्कूटर
गर्र-गर्र करता हुआ निकलेगा पास से
तुम आओगे थोड़ा-थोड़ा इन सब में

तुम्हारे ना होने के सारे प्रतिमान भंग कर दिए हैं मैंने
तुम आओगे, तो जान पाओगे

अनुपस्थितियां सबसे ज़्यादा चीख़ती हैं आस-पास
दूरियों के भूगोल में तुम तक पहुँचने का रास्ता जीवन भर ढूँढ़ना है मुझे

कोई पथ मिले ना मिले
दुनिया का तिलिस्म भले घिरता जाए
वयस की नाट्यशाला में
प्रतीक्षा का मोतियाबिंद छीन ले दृष्टि मेरी

तुम आओगे —
मैं जानता हूँ
पिता?
आह! पिता

3. उपस्थिति

चले जाने की कठिन लिपि में
होने और यहीं हमारी दुनियाओं की चक्करघिन्री की
किसी घूमती हुई लौट पर
आता है तुम्हारा लौटना बार-बार
लेकिन तुम नहीं लौटते
जैसे हमारी नाटकीय उपस्थितियां हैं
खोई हुई आबादियों के अभिनय में

तुम पिता!
सारी दिशाएं तो लौट आती हैं दूसरी दिशा की ओर से
सारी सड़कें भी लौट आती हैं
प्रस्थान और गंतव्य के सिरों को मिलाती हुई
वह सूर्य भी लौट आता है, जिसे चिता की तरह भभकते हुए देखता हूँ

रात अस्थि-फूलों पर फिरते हुए प्रार्थना-जल की तरह आती है और
दैनंदिनियों को ज्ञात और अज्ञात के बीच
सत्य का चीरा लगाते हुए बेधती निकल जाती है
लौट आती हैं ऋतुएं प्रकृति की सारी प्रस्तावनाओं में वहीं-वहीं
अपने होने की जगहों पर
तुम नहीं लौटते पिता —
तुम्हें ढूँढ़ती हुई आँखें भी नहीं लौटतीं
तुम्हारे होने का दृष्टिबोध लिए
तुम्हें टोहती पुकारें भी नहीं लौटतीं
तुम्हारी ओर बढ़े डग भी नहीं लौटते
तुम जाने की गति में लौटना भूल गए पिता?

तुम्हें हर वयस से खोजता हूँ —
बीत गए और अनसुलझे आ खड़े अचानक भविष्य से
अभी में तो सबसे अधिक — अधिक की खड़ी ऊंचाइयों पर
कम होता हुआ जीवन से
वह खोज जिसमें किसी वयस देख लूँगा
पिता होते हुए पिता होना — तुम होना

तुम पिता!
तुम्हारी इसी दूसरी देह से
अपना अभिनय करते हुए
आता है तुम्हारा लौटना बार–बार
तुम नहीं आते।

4. अनुपस्थिति और विदा

अनुपस्थितियों की जगह पर
इतने सारे बीतते हुए दिनों की पांत में

एक और दिन आ गया है —
जिसे कठिन की झाँपी में छाँटकर अलग कर रहा हूँ

तुम अपने सुखों में अनुपस्थित हो
इससे अधिक सुख की रिक्तियों में कितनी उदासियां भर सकता हूँ

तुम्हारे जन्म का भोग
मुझ तक पहुँचा है — मेरे जन्म तक
और इतना अभागा हूँ कि अपनी प्रकृतिस्थ इच्छाओं के घेरे में
एक कविता से अधिक का कोई सुख नहीं दे सकता

नहीं!
वहाँ तुम नहीं थे —
तुमने अपने लिए कोई सुख चाहा ही नहीं

तुम विदा के क्षणों में भी कहाँ थे
विदा के क्षणों में नहीं थी विदा

जैसे तुम अनुपस्थित हो
वैसे विदा भी
पिता!

5. अंतिम सांत्वना

अपने छूटे हुए को याद करता हूँ — स्मृतियों के भित्तिचित्र उभरते हैं
अचानक आत्मा की नग्न उमग्र दीवारों पर
देखता हूँ खोए हुए को
खड़ा वहीं — वहीं पिता की अंतशय्या के कोर पर

वह चेतन, जो नहीं आया वापस शवदाह गृह से लौटकर

वह, जो हर गए हुए की ओर से
चिंघाड़ता है – बिलबिलाता है – फूटता है – हाय! रोता है
वह, जो अंतिम सांत्वना की लिपि भी नहीं पढ़ सकता
वह, जो पिता का भावहीन हाथ अपने हाथ में लिए
अंत्येष्टि की आग में जलता रहेगा
वह चेतन, जो पिता के अस्थि-फूल समेटते हुए स्व को भूल गया समेटना

वह प्रारब्धों की घालमेल में रह गया है वहीं अपने स्थान में
एक वाक्य विकार की तरह

पिता को याद करते हुए एक जीवन को याद करता हूँ
जीवन जो रीत गया – बीत गया
घुल गया द्रुत धूम्र ज्यों वात में घुलता चला जाता है

अपने गए हुए को देखता हूँ आने की याद में
आँसुओं से पाटता हूँ – लीपता हूँ, जो भी उर्वर दुःख हैं
ताकि वे इतने सघन हो जाएं कि दिशाओं का फेर न दिखे और
उत्तरजीविता की आरी से उनके जड़ों में सेंध लगा सकूं

स्कंधों को पहाड़ जितना ऊपर उठाकर भी पहाड़ नहीं हो सकता
पहाड़ के भी अपने पीड़ हैं – और अधिक उर्ध्व-विराट-असंग

वह हर अंतिम की तरह खड़ा है अगतिक
वह डरता है पुकारों से कि
उसकी प्रतीक्षा का अंतिम शब्द अधकहा छूट जाएगा।

समय से समय की ओर चलता हूँ

उनसे कहते हुए कि
वे अब नहीं रहे आदमी उस परिभाषा और परिचय में
जिससे जानता-जाँचता आया हूँ कि
कौन अवस्था के पूर्वसर्गों में अब भी आदमी है –
शब्द सीधे और सपाट भी हो सकते थे
और यह भी संभव था कि
सबसे सरल होने की जटिलता से बचाया जा सकता था
आदमी बने रहने का सबसे आदिम ढंग

मुझमें धीरे-धीरे उतरता है
एक पेड़ का निर्वाक और बधिरपन
जो बरसों से विभाजन चिह्न की तरह खड़ा है
दो पाटों के बीच

वे नक्शों में ढूँढ़ते हैं कि
उनके हिस्से में कितनी आई हैं ज़मीनें
कितने आए हैं दरवाज़े और खिड़कियां
कितनी डेगों में नाप सकते हैं पूरा अधिकार क्षेत्र —
नहीं जान सकते पूरी पृथ्वी को अपना घर कह लेने की सरल उदात्तता

अपनी न्यूनता में जब उठाता हूँ एक मुट्ठी पृथ्वी
पाता हूँ नश्वरता में आदिम होने का कोई सूक्ष्म दिशाबोध
समय से समय की ओर चलता हूँ और कहीं नहीं पहुँचता

उनके अ-शब्दों में
उतर आती है घात लगाए बैठे होने की प्रतीक्षा
जीवन के सबसे कमज़ोर दिनों में प्रहरण की चेष्टाएं

मुझमें धीरे-धीरे उगता है
एक पेड़ का असंगपन
जिसे वहीं बने रहना है
इतनी बड़ी दुनिया के सुनसान में
घमासान में।

भाग्यरेखाएं

बाहर देखने को
संभालनी पड़ती है भौतिकी-पहेली-खेल
कहना पड़ता है दिखे को दिखा
भरे को भरा और ख़ाली को ख़ाली
उलीचना पड़ता है चेतना का जमा गंधाता पंक-जल

अंदर को देखने को
उलटने पड़ते हैं सारे प्रवेश
निकालनी पड़ती हैं आत्मा की चौर्य-युक्तियां
पहुँचना होता है बीत रहे और चुके के संकरे गलियारे से

बोधि-सम कोई शेष कविता रहती है मृण के रहस्यों में
कोई मेघदूत छटपटाता है सुनते हुए विरह का यक्षगान
एकालाप में देह-हिय-प्राण से अल्प होता हुआ

उठता है भीत का कोई ज्वार मन में
और पुकारता हूँ तुम्हें आत्मा से अधीर होकर
तथापि ज्ञात है कि यहीं हो सिद्ध
तुम्हें देखने को उतारता हूँ आँखें
तोड़ता हूँ दृष्टि की प्रत्यंचा

कहाँ की तरह और कहाँ की ओर
कैसी उतृष्णाओं में और किस मरीचिका से समरूप होती जाती हैं
तुमसे जोड़ती हुई भाग्यरेखाएं

ओक में भरता हूँ तुम्हें
और चूमता चला जाता हूँ
जैसे इस पृथ्वी से अलग कोई पृथ्वी नहीं
इस समय के बाद कोई समय नहीं
इस लौट के बाद कोई लौट नहीं

यदि यह विदा है, तो इसके बाद कोई विदा नहीं
यदि यह जीवन है, तो इसके बाद कोई दूसरा जीवन नहीं
और यदि यह कल्पना है, तो इसी को मानता हूँ यथार्थ।

तुम्हें चाँद कहते हुए

मुझमें जो दहक रहा था दिवा-देस का उगा हुआ मार्तण्ड
वह — चाँद! तुम्हारी ओक में उतरा अपना आस्य लिए
तुम्हारे स्कंध पर पाया मैंने अपना युग-विराम
गिरे सन्निपात सब-के-सब दुःख अचानक
जब-जब फैलाया क्रोड़ तुमने

सारे अभंजन कालद्दग, जिनमें देख पाता हूँ तुम्हें
उनमें चमकती हो तुम स्वर्णाभ —
तुम्हारी आँखों का कुहिल
इस क्षण–क्षण धड़कते हृदयसिंधु पर खींच जाता है रेखाएं
उन रेखाओं की आवृत्त परिधि में भी जलने को बस जो आग बचती है
हाथ फेरती हो रात के गाढ़े जल का और सारे सितारे लभ जाते हैं नीचे थोड़ा और
हमारे हिस्से के कल्पलोक को मानते हुए
द्दष्टियों का कोई पटाक्षेप

चाँद! तुम सांध्यगीत की कोई स्मृति हो
जो रोज़ तिरती है
आत्मा पर — मन पर
जीवन पर

चाँद! तुम्हारी अंजोर का यह खग
तुम्हें चाँद कहते हुए
प्रतीक्षा में कई-कई खगोल
कई-कई विस्मृतियों

कई-कई निशियों —
से भटकते हुए अपने पखौटे उतार पहुँचा है

चाँद! तुम यहीं रहना
तुम्हारे हिस्से की पृथ्वी लिए उड़ रहा हूँ
तुम्हें चाँद कहते हुए
सुंदर से अन्यतम सुंदर होता हुआ।

आषाढ़ का मोहपुष्प

आषाढ़ उतरा है इस शहर में और

मेघ लौट-लौट जाते हैं

मिलना याद आता है तुम्हारा

लौटने से ठीक पहले की ठिठकी हुई सुई घड़ी की टूटकर गिरी हो ज्यों

दिशाशूल की तरह बैठती हुई दुनिया की सारी गड़बड़ ज्योतिषियों के बीच

आषाढ़ में मेघ नहीं गिरते

उपमाएं गिरती हैं जले हुए अरण्यों के मेरु पर

और उगने की ओर सहसा बढ़ने लगती हैं सब संज्ञाएं

मोहपुष्प उगता है तुम्हारा मेरे मन-उपवन की हर-हर क्यारी में

उसकी सुगंधियों में उठती है तुम्हारी देहगंध

मरीचियों के बीच लौटती है आँखें और

धूल-धाप से भरे इस डगमग में भर जाता हूँ

इतने प्राण से कि

तुम तक आने का पहाड़ तो लांघ ही लूँगा इस जनम

तुम्हारे पांव मेरे स्वप्नपंख हैं

इल्लियों की रेंग से उगे नरम पाखों की तरह होते हुए पांव तुम्हारे

उन सारी नदियों के विश्राम की जगह हैं

जिन्हें पार करते हुए तुम तक पहुँचना शेष है अभी

उनकी ओर देखते हुए अंबकों में समेटने को

बार-बार अंजलि फैलाता हूँ और धुल जाती है सब क्लांति

आषाढ़ की झींसियों में मेघ एक दूसरे से बतियाते हैं
जैसे कोई संगीत आत्मा में पहले से बुना हो और
कोरस में सुन पड़ता हो एक नेह-राग

इस अभी-अभी आए चौमास में
उठती जाती है तृष्णा बिरहा गाती हुई घर की अँगनाई पर
तुमसे मिलने की जोह बटोरने का आषाढ़ इस बार भी नहीं आया
तुम्हारी याद आई — भीतर कुछ शोर हुआ
मेघ आए और लौट-लौट गए।

प्रतारणा

सोते हुए में
जाग की भीड़ झेलने को अचानक धकेल दिया गया
उबासियों की धूल फांकता और आंतों पर झाग झोंकती जीभ लिए
टीन के छप्पर और कनस्तर-सा बजता हुआ
एक चालू दिन की भकभकाती अंजोर झेल रहा
और देखता हूँ कि अब भी बचा रह गया हूँ

इतनी अदनी-सी बात अब तक नहीं बीती कि
हर आदमी की आँख में एक आश्चर्य की तरह चुभ रहा है हर आदमी
और उस बीच से एक कोई की तरह ससर रहा हूँ
हाथ में बिना कुछ खनक नहीं बताता-बनाता दुनिया को आसान
उपयोगिता का चीर ओढ़े चप्पलें घसीटता पसरता जाता है अंतर का घमासान

ओ हंताओ!
देखो, कोई मरणशील घूरकर देखता है तुम्हें और हिंसा लघुतर होती जाती है
श्लाघाओं के कुरंड पर रगड़ो अपनी क्रूरता के शायक
और देखो कि कोई गर्दन चौड़ी
और चौड़ी हुई जाती है

इतने निर्माण और ध्वंस की कूटनीतियों के बीच भी
क्या खोजता – किस तरह बचा रह सकता हूँ
इतनी वांचनाओं के बीच बार-बार उगता और बार-बार काटा जाता हुआ

कौन कहेगा कि
अब भी बचा है हर और के बाद आबादी की तरह होता-बढ़ता हुआ
अनादि होता हुआ एक कथ्य

अनर्थों की इस महाठेल में
कहीं से उलीचकर कहीं फेंक दिया गया और
जब से देख रहा हूँ – बस अपने होने को यही पाता हूँ कि
इतनी बड़ी दुनिया है
और आदमी-आदमी बोलकर ठग दिया गया हूँ।

सार्वभौमिक

दुःख खोया नहीं है अभी
घुड़की मारकर बैठा है चुपियाया हुआ
हर कोने के पीछे कोना बनाते

एक हाशिए के दिन का एक नया ज्यामितीय आकार
परछाईं के पाँव छानते हुए तत्क्षण मुंह के बल लधेड़ देने को आतुर
रीढ़ पर चलाता हुआ दनादन मुक्के भरसक भीड़ में
खींचकर जेबें दोफाड़ करता बाज़ार के भारी खोमचों के सामने

दुःख बहरा है – नहीं सुनता कोई भी याचना –
चिल्लाए जाता है अपने भाग का भोग्य पाने के लिए
उसे नहीं पड़ता अंतर जीभ पर जल रहे कोयले से
या मन पर उग आए मवादों से

दुःख अभी सेंक रहा है हाथ अपने
अभी उठेगा निरूपाय
दैनंदिनियों का हहकता अलाव लेकर

वह कुहनी मार–मारकर याद दिलाएगा पीड़ के पहाड़े
अभी बस सुस्ता रहा है कि दोनों थक गए हैं साथ चलते एक ही लीक पर
युक्तियों के पात्र में से एक युक्ति यह कि
इसकी मूंद में यहीं छोड़कर बढ़ जाऊं आगे
लेकिन दुःख अब एक सार्वभौमिक उत्तर है
जिजीविषा के हर प्रश्न का

उसकी अनुपस्थिति का अनाथ मैं
कहाँ जाऊँगा?
क्या करूँगा?

स्मृति-बंध

देना ही है तुम्हें
तो हाथ में हाथ दो –
साथ दो

एक पूरी रैन दो
दो घड़ी का चैन दो
दे सको यदि प्रिय तो
दो वचन —
देह देह न रहे
नेह नेह न रहे
मगर कभी पुकार लूँ
तो सुन सको पुकार को

यहीं कहीं रहो
इसी खलक की देह पर
रचो-बसो
हँसो-खिलो
भोर में उगो-तपो
साँझ में दबो-बुझो
इस बरस न सही
अगले बरस या
उसके अगले
लौटो-मिलो

देना ही है तुम्हें
तो रुको यहीं इसी क्षण में –
मैं जितना देख सकता हूँ दोनों आँखों से
जितना समेट सकता हूँ दोनों हाथों से
उसमें ठहरो – ठौर पाओ

दो यदि
तो स्मृति दो
आज की – कल की
बीत रहे पल की
रहो सदा –
इसी क्षण के अथ में
इसी क्षण की इति में
स्मृति में

इस भुवन में
जो भी स्वप्न बो रहा हूँ
जिस भी आशा के पर्ण-पात्र में जल दे रहा हूँ
जहाँ कहीं भी घट रहा हूँ – हो रहा हूँ
उन सारी संभावनाओं के लिए
स्मृतियों से अच्छा कोई उपहार हो सकता है क्या!

निविधायन

यदि करता हूँ
तो तुम्हारे सब अंगों से करता हूँ प्रेम
पुतलियों और नाखूनों से
नाभि और कपाल से
तर्जनी से और तलुओं से
देह से करता हूँ
यही द्वार है
मन-भव में प्रवेश करने को
इससे इतर नहीं आतीं हेत–क्रियाएं

नहीं ज्ञात
इस जन्म के बाद और क्या..कहाँ..कब
सो मृत्यु के ठीक पहले की अवधियों में
करता हूँ प्रेम
यदि करता हूँ तो

नहीं ज्ञात
इस देह के बाद कोई देह होगी
इसलिए संभावनाओं को स्थगित कर
पिघलते हुए वर्तमान पर छिड़कता हूँ
स्वेद, रक्त, सुगंधि सब

यदि करता हूँ तो
निर्विध करता हूँ प्रेम
चिकीर्षाओं को देता हूँ निलय

नहीं चाहता भटकना
मानकर तुम्हारी देह को मृगतृष्णा
इस मरु में नहीं मिलती प्रेमियों को
प्रेम करने की इच्छा और जगह

देह-गंध तुम्हारी बसती है घ्राण-स्मृति में
देह-कल्प बसता है स्वप्नराग में
यदि करता हूँ
तो पूछता हूँ तुमसे –
क्या तुम्हें स्वीकार है यह प्रेम मेरा
क्या तुम्हें स्वीकार है यह देह मेरी
क्या तुम भी मुझसे करती हो प्रेम
जैसे मैं करता हूँ?

अकाल-पर्व

हो सकता है कि
हम अलग-अलग जगहों पर
एक दूसरे की प्रतीक्षा करते जीवन के सारे वर्ष पार कर जाएं
और कभी न मिलें

यह भी संभव है कि
हम मिले हों प्रतीक्षा की इति से कुछ ही क्षण पहले
लेकिन चेहरों की इतनी निकटता का त्रास
हमें एक वियोगी अज्ञातवास की यातना की ओर ले जाए
और सामने होकर भी हम एक दूसरे के स्पर्श को तरसें

होने को तो यह भी हो सकता है कि
कल्पनाओं में तुम सदा रची-बसी रहो
और भौतिकता में तुम्हें ढूँढ़ता हुआ
नापता रहूँ शहर-शहर
गाँव-गाँव
नदी, घाटी, पहाड़, सड़क
लेकिन जब लौटूँ एक हारी हुई जिजीविषा से आपन्न
मिलो किसी सूचना की तरह
या किसी धूल खाए पोस्टकार्ड पर एक मिटती हुई तारीख़ की मानिंद

या फिर यह कि
तुम्हें लिखता रहूँ –
कविता-दर-कविता

और तुम मिलती रहो ऐसे
जैसे यही हो तुम्हारे होने की जगह

जो भी हो
तुम्हारे होने की संभावनाओं
और तुमसे मिलने-बिछड़ने के कल्पबिम्बों ने ही
मुझे जीवन के अकाल-पर्व में भी बचाए रखा

वह अकाल-पर्व –
जिसमें विरह की सारी ऋतुएं बीतती हैं
एक दैन्य एकांत कई-कई प्रकाश-वर्षों में फैलता मालूम पड़ता है
विहान के लिए आँखें अंधी हो जाती हैं
और रात भर पीड़ झनझनाती है झींगुरों की आवाज़ में

हो सकता है कि
यह पहले भी हुआ हो
और होता रहा हो
हम मिले हों और मिलते रहे हों

या यह कि
अभी शेष है मिलना
यह जो घट रहा है ठीक अभी
मिलने से पहले का शेष है।

पुनर्मृत्यु

वे मृत्यु के दिन थे
जीने की इच्छाओं और चेष्टाओं के
भाग्यगर्भ में न जाने कैसे-कैसे
कौन-कौन-से
महापातक पल रहे थे

प्रारब्ध की इतनी नियत गणनाओं में
एक जैसी अमिथ्याएं हुलसती रहीं आस-पास
मृत्यु की ऐसी निर्बाध निकटता –
जिसमें कैसे-कैसे लभ्य सुखों ने अपने पाँव समेट लिए
कैसे-कैसे दुःखों को तौलकर नापा गया
न साँस ले पाने की असुविधाओं में
नसों तक ठेल-ठेलकर पहुँचाई गई ऑक्सीजन

आबादियों में मृत्यु ने अपने चेहरे ढूँढ़ लिए
हम डरने लगे –
कहीं देर शाम, कहीं अजग भोर
साँकल खटकाते न आ जाए मौत
इसलिए दुनियाओं पर ताले लग गए
सीमाएं और चौड़ी कर दी गईं
चौहद्दियों पर कसी गईं कीलें और फ़ब्तियां

हम फिर भी लड़े
हमने जीवन से हुराग्रह किए
मृत्यु के आगे कान पकड़े

और आज जो हम जगे हुए कल की एक प्रत्याशा लेकर बैठे हैं
वह जीवन से अधिक
पुनर्मृत्यु की कोई योजना है

संसक्तियों की नकार से ढकी –
एक बहुत धीमी और कठिन पुनर्मृत्यु
जिसके आगे-पीछे कहीं जीवन नहीं है

वह रेगिस्तान के बीचोबीच एक अकेली
मृगतृष्णा की तरह
पिपासुओं की प्रतीक्षा में फल-फूल रही है।

कास का अवसंत

कास के फूलों-से उग आए थे दुःख
वनैले और झांखड़
पर थल के मुरझाए हुए आस्य की गोलाई को
पछुआ बयारों की सिहरन से भरते हुए

अगहनी धूप को पता था
उसकी ओर पीठ करके छिपाया जा सकता है
ठंडा पड़ता हृदय

जाते हुए शरद को सांध्यगीतों से कहा था विदा
जब वह असंदिग्ध दबे पैरों से निकल गया किसी ठौर
कौड़े जलते रहे
धुकता रहा ढूह समेटा हुआ मौसम-मौसम

सांकों पर से गुज़रती थी आहटें
पूरे छंद में
पूरी लय में
जीवन का पूरा संगीत बाँधे
जैसे कविता गुज़रती हो

उन आहटों में कभी कोई नदी बहती थी
कभी कोई चीख़ उठती थी अधजगी रात की पौनाई पर
कभी बस बिलखन लगातार कई-कई पहर

दुःख झर गए
जैसे कास के फूल
लेकिन वे फिर आएंगे
ऋतुएं जानती हैं
कास का यह अवसंत फिर आएगा

उसके बाद पीठों पर लदेगी धूप
हृदय के जमने को बचेगा अगहन-पूस
माघ तक पिघलने की आशा तलाशेगी अलाव
यह शीत भोगने को

आत्मा कठुआएगी
देह को टोह रहेगी देह की
ईहाएं भोगेंगी अकाल अ-दिन
एक अंतिम आह को सिकुड़ेंगी नसें
मृत्यु नहीं आएगी
(मृत्यु अपने भोग का सुख किसी को नहीं देती
मुक्ति-द्वार के उस पार अंधा उजाला है
जिस अंधेरे में तुम मृत्यु को तलाशते हो
वह तुम्हारा जीवन है)

सब लहकेगा क्षण-क्षण
स्मृति की कपाटों पर लपटें उग आएंगी
इस दृश्य का सूरज डूबेगा
उस दृश्य में उगता हुआ
आग-ही-आग
शीत-ही-शीत।

कौन ईश्वर

नहीं है तुम्हारी देह में
यह रुधिर जिसके वर्ण में
अब ढल रही है दिवा
और अँधेरा सालता है

रोज़ थोड़ी मर रही आबादियों में
रोज़ थोड़ी बढ़ रही आबादियों में
कैसे रहे तुम व्याप्त
इतनी भिनभिनाती आत्मश्लाघा को लेते आहूतियां
काटती प्रत्यंग और पालती अपनी जिह्वा
कि भूख को भी कोई एक चाहिए निलय
रहने को, सहने को
बोलने को, बाँटने को
दिन-सवेरे काटने को

नहीं हैं प्राण तो फिर
क्यों पुकारें खोजती हैं
किस दिशा में और कितनी दूर हो तुम
किस कथा के सार में हो
किस गति में भ्रांत हो कि शांत हो

संबोधनों से पट रही जीवंतता के वक्र पर
और कल्प की जितनी असमांतर रेखाएं हैं
उनके अभीष्टों पर

बैठकर परिहास करते
ओ ईश्वर!
जिस अ-युक्ति से चेतना में आ गए तुम
कहो क्या कोई उपपत्ति है
तुम्हारे होने की सार्थकताओं की?

वैसे ही किसी अतर्क और अनिष्कर्ष से
नकारता हूँ सत्ताएं तुम्हारी
जब तक तुम हो
प्रारब्धवश क्षण-क्षण क्षीण होता जाऊँगा

ओ ईश्वर!
ठग हो या बहेलिये?
स्वयं छल हो या प्रवंचना के श्राप से हो तर
जो भी हो
नहीं चाहता तुमसे उत्तर
जैसे अब तक रहे मौन
तथावत् मौन रहो
'कौन' रहो।

व्यूह का टेढ़ा व्यास

तुम कितने रहे अभागे
न चौराहे पार कर पाए, न चौखट
घूम-फिरकर वहीं-वहीं आ लौटे
जहाँ से बढ़ने को आगे
लिया था संकल्प

तुम क्या जानो –
चौराहे से आगे मार दिए जाते हैं लोग
या जला दी जाती हैं औरतें
रातोरात ढहा दिए जाते हैं मकान-ओ-ईमान
उठाईगिरे कैसे काटते हैं कत्री दिन की रोशनी में
जेबकतरे कैसे चलाते हैं छुरी पतलूनी गर्दनों पर
कैसे घूमते हैं तेज़तर्रार भिखमंगे नए तरीक़ों की दुआएं-बद्दुआएं लेकर

कैसे पुलिसवाला करता है वर्दी का सौदा पचास रुपए के चालान पर
कैसे खाता है रिक्शेवाला चौड़ी आवाज़ में गाली पतले रास्ते पर
कैसे घूमता है देश का पिचका हुआ भविष्य फूले हुए गुब्बारे हाथ में लेकर
कैसे गड्ढों के दाएं–बाएं ज़िग-ज़ैग में चलती हैं गाड़ियां
कैसे आवारा–बदमाशों के बीच से गुज़रती है शराफ़तें
कैसे कर दिया जाता है एक ख़ाली दीवार को बदनाम पान की पीकों से
कैसे पहुँचती हैं खालें शहर की बदनाम गलियों में
कैसे कोई चिल्लाता है सरेबाज़ार
और लगा देता है दाम बिक रही सिलसिलेवार बेढंग सामानी ज़रूरतों के

तुम रहे अभागे
मनमाने ढंग से रहे मनमानी दुनिया में क़ैद
तुम्हें क्या पता –
काले और सफ़ेद के बीच कितने आते हैं रंग
दिन और रात के बीच कितनी होती है रोशनी
आसमान और धरती के बीच कुछ नहीं है
जिसे देखा जा सके
खुली आँख के सपने में
आसमान भी नहीं
आसमान की कल्पना भी नहीं

तुम रहे फंसे
कैसे अजीब घोलमोल फंदों में
चबाते रहे भात
घिसते रहे दांत
लेटे हुए अपनी मरणशय्या पर करते रहे हिसाब
एक जादूगरी की किताब के आजमाते रहे नुस्ख़े

तुम कहीं के नहीं हुए
बस रहे अभागे
न यहाँ के, न वहाँ के
किसी दूसरी दुनिया के बुनते हुए बूते पर
चलता रहा तुम्हारी जीविका का मनोविनोद

तुम रहे अभागे –
लेकिन कौन है जो कहे ख़ुद को
उसने पाया है वह सब जिस पर लगी हो भाग्य की मुहरें
एक-एक आदमी ने मशीन होने की शर्त पर लगाया है दांव

ऐसा कोई नहीं
जो घिरा नहीं हो व्यूह में
दुनिया के सारे रास्ते लौटकर वहीं आएंगे
जहाँ से तुम चलना शुरू करोगे

तुम रहे अभागे
ठीक है इतना भी होना
ऐसे भी कई लोग हैं
जो ख़ुद को कोस तक नहीं सकते
उनके होने में उनका न होना बहुत ज़ोर से चीखता है
इतनी ज़ोर से कि
कोई आवाज़ नहीं आती
कुछ भी नहीं खटकता नींद को
और सपना टूट जाता है।

कौन-सी भाषा का आदमी

दरवाज़े आने और जाने की भाषा में बतियाते हैं
अंदर आने के बारे में शायद उन्हें कभी कहते सुना है –
बाहर की रोशनी अंदर के अंधेरे से ज़्यादा काटती है
अंदर आना बाहर जाने का एक पूर्ण विलोम तो नहीं हो सकता
विश्रांतियां यायावरी का रास्ता नहीं रोकतीं

जब लौटता हूँ घर
सबसे पहले इंतज़ार में दरवाज़े ही खड़े मिलते हैं
दरवाज़ों की-सी सूरत लिए

जिन घरों में दरवाज़े अंदर से खोलने के लिए कोई चेहरा नहीं होता
उनका बाहरपन इतना बड़ा होता है कि
वे अपने घर की किवाड़ों से अंदर होते हुए अंटते नहीं
उनका बाहरपन झांकता रहता है
आत्मा के किसी स्थावर कमरे से बाहर

पिंजड़े की भाषा परिंदे से अच्छा और कौन जानता है
जाल में फंसी मछलियां जाल की भाषा में ही तड़पती हैं
सर्कस का हाथी अनमने ढंग से किसी विदेशी भाषा में दिखाता रहता है करतब

जिन उद्भिजों को लील जाती है बाढ़
वे जानते हैं नदियों की भाषायी क्रूरता
जिन पर नहीं होती प्रकृति क्षमाशील
सुखाड़ों का अकाल उन्हें ललकारता है

भूख और मृत्यु के भाषाहीन कोह में

फुटपाथ की फुटकर भाषा में काम चलानेवाले लोग
सोते-जगते-मरते रहते हैं एक कुचली हुई भाषा में
थोक की भाषा में बनती रहती हैं उदारीकरण की नीतियां
बदलता रहता है भाषाओं का भूगोल
बाज़ार की नरमी और गरमी के हिसाब से

कुत्ते रोटी की भाषा में चबा जाते हैं चप्पलें और पॉलीथिन
गायें कूड़ों के ढेर में खोजती हैं पूजनीयता
मुर्गे उम्मीद की भाषा में देते हैं बाँग सोए हुए ईश्वर को जगाने को

सड़क पर गड्ढों की भाषा में चलती हैं गाड़ियां
रिश्वत की भाषा में बंटता है राशन
मज़हबी भाषाओं में चौराहों पर भीड़ गिद्धों की तरह नोंच डालती है जिस्म
लोकतंत्र की भाषा में तानाशाह फ़रमान सुनाते हैं
रोज़मर्रा की एक कामचलाऊ भाषा में घिसता रहता है
आख़िरी पायदान का आदमी

इतनी सारी भाषाओं से पटी हुई है
बंटी हुई है
दुनिया – इंचों में

मैं कौन-सी भाषा का आदमी हूँ
जो तुम्हें ढूँढ़ रहा है
न जाने कब से लगातार
तुम –
जो मेरी भाषा का खोया हुआ एक शब्द हो।

अप्रार्थ

कितने निर्दयी हो तुम –
साँझ तो दी
पर किसी के लौटने की प्रतीक्षा छीन ली

सुबह दी
पर एक बेघर मन भी दे दिया

दोपहरें दीं
पर एक उजड्डु अतुष्ट पेट भी दे दिया

रातें दीं
पर खुली आँखों को गहरा अंधकार भी दे दिया

जीवन दिया
पर जीने की चाह न दी
तो क्या दिया

निर्दयी नहीं होगे तुम –
संभवतः दया के पात्र होगे
या वह भी नहीं
तुम पर तो दया भी नहीं आती
तुम्हारी ओर प्रार्थनाएं नहीं
पत्थर उछाले जाने चाहिए
क्या पता

पत्थर प्रार्थनाओं से अधिक भारी हों

लेकिन नहीं
प्रार्थनाएं हों या पाषाण
गुरुत्व में बँधी जिजीविषाएं ही मरेंगी दबकर

दुर्दिनों के दुर्धर्ष ईश्वर!
माँगते ही रहे तुम
ईश्वर होने पर पछतावा नहीं होता तुम्हें?

अक्टूबर

1.

यह अक्टूबर फिर से बीतने को है
साल-दर-साल इस महीने के साथ
तुम बीत जाती हो

एक बार पूरा बीतकर भी
फिर वहीं से शुरू हो जाता है सब

मटियल श्रृंगार करती हुई
हरी दूब पर बिखरी ओस
तलुओं से चिपक जाती है
जैसे प्रकृति लिख रही हो चिट्ठियां
तुम्हारी ओर से
जो तुमने नहीं लिखीं कभी

मैं अपनी धूप का एक टुकड़ा बन गया हूँ
जो काग़ाज़ों पर बेतरतीब छपता चला गया है
सफ़ेद और काले के सिवा
कोई रंग चढ़ता नहीं है दरीचों पर
यह धूप ना इससे आगे आती है
ना मैं इसके आगे तलाशता हूँ धूप

कितनी महीन और बिखरी हुई हो तुम
मेरी स्मृतियों में
जिनको चुगते हुए मेरी चोंच से ख़ून आने लगा है

अब यह विरह-गान गाने का संताप
मुझे मेरी भौतिकताओं से दूर घसीटता ले जाता है

अक्टूबर आते-आते जिज्ञासा लौट आती है
कि कोई पत्ता हिलेगा और तुम आ जाओगी
कोई ट्रेन रुकेगी और तुम आ जाओगी
कोई सुबह बिखरेगी और तुम आ जाओगी
कोई शाम बीतेगी और तुम आ जाओगी

लेकिन तुम नहीं आती हो
बस अक्टूबर आता है
मुँह लटकाए बैठता है और
एक औंधी सुबह निकल जाता है

एक दिन देखना
ऐसा होगा कि
इस महीने के साथ मैं बीत जाऊँगा
तुम पर सारे अक्टूबरों का उधार चढ़ाए।

2.

यहाँ कुछ नहीं बीतता
रुकी हुई घड़ियों में बज रहा हो जैसे सही समय
टूटे हुए सपनों की तरफ़ नींद वापस ले रही हो करवटें
सारे दुःख स्थगित कर दिए गए हों
और सुख दूर कहीं किसी संदिग्ध इलाक़े में भटक गया हो

जो इन दोनों से परे है
उस एकांत में शरद बिना किसी आहट के चुपचाप पास आकर बैठ गया है
ओस जमती है धीरे-धीरे और
धरती के महीनों संताप के ज्वर से तपते
गर्म लोहे हुए बदन पर कपास की तरह
सहला देती है उसका माथा

शाख़ों पर फूल नहीं रंग उग आए हैं
और मेरी मटमैली-सी याद का धुँधलापन वापस
अपने बीते हुए रंग पाने के लिए
उतर आया है कविता के कैनवास पर

खोए हुओं की एक सजी हुई स्मृति दौड़ती है
यकायक कोई भूला पास आ बैठता है
इस मौसम का संगीत बजता है आत्मा के टेपरिकॉर्डर में
यह लौटने का समय है
छूटी हुई जगहों पर
टूटी हुई संभावनाओं के पास
जहाँ क्लांति की अमरबेलों पर जीवटता के पुष्प खिल आए हैं

अक्टूबर जैसे ही आता है
चीज़ों के न होने में उनका होना याद आता है
उनकी ख़ाली जगहों में बराबर भरता ख़ालीपन दिखने लगता है

अक्टूबर प्रकृति का स्मृति-स्वप्न है।

मुँह-अंधेरे

यह अंधेरा
जो तुम्हें कोई रास्ता नहीं दिखाता
जो तुम्हें अनाकाश भय से भर देता है
जिसकी कल्पना में भी लेष मात्र उजास का कोई छोर नहीं
जिसके एक किनारे पर तुम्हारी दृष्टि हुआ करती थी
और अब इस किनारे से आगे अदृष्ट अंतहीन निराशाओं की नदी है

यह अंधेरा
जो तुम्हारी आँखों के पार देख सकता है
जिसकी अपनी आँखें हैं
जो घूरता है तुम्हें आँख में आँख डालकर
इतनी चौड़ी आँखें कि उसकी पुतलियों का कालापन
उतर गया है तुम्हारी आँखों के अंदर

यह अंधेरा
जो तुम सदियों से देखते आए हो
तुम्हारे पूर्वज देखते आए हैं
वह जो तुम्हें आनुवंशिकता के तौर पर मिला है
जिसे भोग रहे हो तुम अपनी जिजीविषा मानकर

यह अंधेरा –
भ्रम फैलाता प्रवंचक
घुसपैठिया, जादूगर या कोई अगुआ बनावटों की ओर का
जितनी ज़ोर से चीख़ता है

उतनी ही घनी चुप्प में डूबा बैठा रहता है

इस अंधेरे की सुबह यदि है
तो तुम अब भी बाहर भटक रहे हो
लौट जाओ भीतर
उजाला राह ताकता है तुम्हारी

बाहर तो वही दिखेगा
जो अंधेरा तुम्हें दिखाएगा
चेतना के ऊपर काले कोलतार-सा फैलकर
अंधा; और अंधा करता जाएगा

जो सच में नहीं देख सकते
उनका सुख आँखें नहीं
मन है
अंधेरा बस आँखें देख सकती हैं
मन नहीं।

आदमी-आदमी के बीच

पतन की कोई दिशा नहीं होती

कहीं से भी उठ सकता है महावात

लील सकता है पके हुए खेत और बचाया हुआ घर

कभी भी डिगती हुई नाव में रिसना शुरू कर सकता है पानी

निराशा जगह नहीं खोजती

खीझती हुई जीविका में कर देती है घुसपैठ

और डुबो देती है उपलब्धताओं की डोंगी

दुर्भाग्य का कोई दिन नहीं होता

किसी चींटें पर अपनी जकड़ कसने के लिए

बैठी एकाग्रचित्त बिस्तुइया को ले उड़ेगा बाज़

और तल पर एक गहरा सन्नाटा फैल जाएगा

उत्तरजीविताओं के संघर्ष में

विजेता की घोषणा एक खोखला विचार है

वैमनस्य का कोई रूप नहीं होता

कहीं भी उपज सकती है फसल ईर्ष्या की

लहलहाती हुई धीरे-धीरे पाँव पसारती

सीमा बघारती हुई क्रुद्ध चेतनाओं पर पूरा हाव डालती

किसी भी देश के किसी भी घर के किसी भी कमरे में

कमाई हुई फुलकी को एकटक निहारते किसी भी आदमी के

चीथड़े उड़ा सकता है एक मिसाइल कहीं से भी आया हुआ

लेकिन फिर भी
भूख जोड़ लेती है जून
और प्रत्याशा खोज लेती है एक रैनबसेरा
पानी नाव को डुबाता नहीं
बस प्राप्य आयतन पर घोषित करता है अपना आधिपत्य
और द्रष्टा कहता है –
नाव को पानी ने डुबो दिया

उत्तरजीविता एक आधारभूत प्रवृत्ति है
इसके लिए कोई न्याय-संहिता नहीं
वैमनस्य की जगह वहीं है
जहाँ आदमी-आदमी के बीच रिक्तियां हैं
एक से दूसरे की इयत्ता नापती हुई
एक से दूसरे को अलग बनाती हुई
चाहिए यह कि दोनों को मिला दिया जाए
निरुपायों के ढेर से निकले एक उपाय की तरह –
शायद एक सस्ती दवा ही बचा ले उखड़ते हुए प्राण।

इसी भाषा का अंतिम

तुमसे जिस भाषा में प्रेम किया
वह भाषा सीखनी नहीं पड़ी थी मुझे
इसी के गर्भ से जन्म लिया था
तौर-तरीक़े, जी-हुज़ूरी, कानाफूसी और काम-धंधा भी इसी भाषा ने सिखाया
इसी भाषा के पैठ से तर था जीवन का व्याकरण

लेकिन नहीं जानता था कि
इसी भाषा में बिछड़ने की भी क्रियाएं थीं
तड़प के भी शब्द थे
फिर भी इसी भाषा ने सहूलियत दी
रहने दिया मुझे दुःख की ओर – समझने के लिए दुःख का अनुतान
और समय रहते खींच लिया बने रहने के संघर्ष में

दूसरी भाषाओं को देखता हूँ
तो सोच में पड़ जाता हूँ कि
उनमें कैसे कर पाउँगा अपने जीवन का अनुवाद –
एक भाषा में बने रहने का संघर्ष ही इतना बड़ा है कि
दूसरी भाषा को पूर्णतर सीखने का समय नहीं मिल पाता

अन्ततः इसी भाषा के आघात से कोई क्रिया चुनूँगा और
चल पड़ूँगा देहलोक की भौतिकता से बाहर
फिर भी जाने की भाषा वही रहेगी
कोई तो शब्द होगा इसी भाषा का –
अंतिम की तरह दिखता हुआ।

मिलना

मिलेंगे दो भाषाओं के एक ही शब्द की तरह
एक ही मानी लिए दो अलग-अलग जीवन जीने की यातना काटते
एक जैसे दुःखों को एक जैसा मतलब देते हुए
एक दूसरे पर हँसते हुए
एक दूसरे के आँसू पोंछते हुए

मिलेंगे लेकिन मिलने की भाषा में अनूदित
दो भाषाओं के बीच की भाषा में

एक ही नदी के दो सेतुओं की तरह
एक ही घर की दो लाटों की तरह
एक ही घड़ी की दो सुइयों की तरह
एक ही पेड़ के दो पत्तों की तरह

कुछ तो बहता होगा एक जैसा हमारे बीच
हम दो अलग शरीरों को एक जैसा बनाता हुआ
पानी, लोहा, समय या फिर जीवन।

गायताल

चप्पल टूटने से पहले ख़रीदी चप्पल

बनियान फटने से पहले नया बनियान

एक नए अभाव के आने से पहले एक नई ज़रूरत ईजाद करता रहा

लड़ने से पहले अपशब्द सीखे और

हाथ जोड़ने से पहले किया मुट्ठी बांधने का अभ्यास

जाड़े से पहले लकड़ियां इकट्ठी कीं

गर्मियों से पहले ले आया चमकती सुराही बाज़ार से

बारिश से पहले मरम्मत करता रहा छत और

एक नक़्शे पर उँगली फिरा भटकता रहा अपरिचित भूगोल पर

नियति के भरोसे कभी कुछ न छोड़ा

आज पर एक न आया हुआ दिन लादता रहा कि

आए हुए दिन पर आराम से टांगें फैलाकर घर-गृहस्थी, देश-दुनिया देख सकूँ

आवाज़ लगाऊँ ज़ोर से आसमान को हहकती हुई चेष्टा से ऊहापोह होकर

हाथ लगाकर झटक दूँ दो चार ग्रह-नक्षत्र और

दरवाज़े तक की चहलक़दमी में लांघ जाऊं एकाध आकाशगंगाएं

नहीं जानता था कि

एक व्यवस्थित जीवन को अव्यवस्था से भरता चला जा रहा था

एक सुसज्जित तैयारी के बाद भी

युद्ध कभी नहीं हुआ

असलहे-औज़ार सब वैसे ही पड़े हैं

जैसे अपने निर्दोष जीवन में एक दोष की तरह घसीट लाया था उन्हें

सारे तर्क, वाद और कथ्य घिस गए हैं

जिन्हें जोड़ लिया था कि किसी प्रतिवादी के सामने हल्का न लगूं

अब इतनी बेज़रूरत से भर लिया है
अपना कनस्तर भर का गात कि आवाज़ लगाता हूँ
तो मशीनी खड़खड़ाहट से इतर कुछ बोल नहीं पाता
कोई टोक देता है
तो एक भाषा से दूसरी भाषा तक जाने का
आलस कोंचता रहता है दिमाग़ की नसों को
फिर किसी नए आलस के लिए नई अक़्ल – नए दुरूपाय
आग, पहिया, गोला-बारूद सब पहले से ही मौजूद था यहाँ
खोजने की ज़रूरत कुछ न थी
बस एक फ़ौरी कल्पना चाहिए थी
फिर न कोलम्बस दूर था और न जहाज़

किनारे से सच में कटी होती धरती
तो नहीं उतरतीं उचाट नावें
इतना तो होता कि सारे नामों के बदले में चौराहे ही घूम आता इस शहर के
लेकिन उतावली जिजीविषा का रोगी मैं —
किसी नामालूम जगह की थाह लेकर
एक हथियाए हुए घर को दुनिया कहता रहा
और एक हथियायी हुई दुनिया को घर।

बाँग

कौन लौटेगा तुम्हारी दुनिया में
यह जानते हुए कि
अब एक टीस के साथ पूरी उम्र बितानी है
उम्र, कितनी लम्बी उम्र
कहो तो बिलांग भर की भी नहीं
नापो, तो साहिल तक पैर भी नहीं डिगते

जितनी दूर से इस पारावार को देखता हूँ
किनारा उतना छोटा होता जाता है
तैरकर पहुँचने को भी साँसें छोटी होती जाती हैं
साँस, कितनी लम्बी साँस भरकर
पूरी उम्र जी जा सकती है

क़रीबन एक साँस में रेत के भीटे की तरह ढह जाती है
बार-बार गुब्बारे की तरह फेफड़े फुला-फुलाकर
भरते रहना है इसे आसरे से
ताकि आसान लगता रहे जीते हुए मरना
दम धरकर तल्ख़ियों पर माथा धुनते हुए
सवालों की भीड़ में एक सवाल की तरह खो जाना

एक सवाल, जिसकी उधेड़बुन में लगी हुई तादाद
सवाल जिसकी चपेट में आ रहे हैं आँकड़े
जम्हूरियत नाच-गा रही है
मौक़ा-परस्तों की दुकानों का मुनाफ़ा बढ़ गया है

कालाबाज़ारी का और काला होना
और सरकारी साज़-ओ-सामान की सफ़ेदी का बढ़ते चले जाना
देखा-गिना जा सकता है

कौन लौटेगा तुम्हारी दुनिया में
जिसे दुनिया नहीं कह सकते
लापरवाह आवारा भीड़ कहना ठीक होगा
जो अपनी बेहूदगियों से बाज़ नहीं आती
उस दुनिया में लौटने से
क्या लौटा दोगे मुझे
खो देने को पा लेने से कभी नहीं बदला जा सकता

इतनी व्याकुलता के साथ कोई निर्झर नहीं गिरता होगा
जितनी अकुलाहट से शरीरों को गिरते हुए देखा
आसमान कई बार ढहता है
सीने पर पत्थर रखकर
हर बार सहारा देना पड़ता है उसे वापस उठाने को

एक टूटी हुई भाषा में निकली हुई कराहें
उधार रहेंगी बची-खुची आत्माओं पर
इस दुनिया तक लौटने का रास्ता
मिटता जाएगा मन के मानचित्र से

यह दुनिया अब बस एक धुँधली परछाईं है
जिसे मैं नहीं देख सकता
अपनी आँखों में उतरते हुए
तुम्हारी आँखों पर चढ़ते हुए

लाचारगी ही है कि
ताउम्र आँखें मलते रहने पर भी
उजाला नहीं लौटेगा

कौन लौटेगा तुम्हारी दुनिया में
जहाँ का सूरज अंधा हो चुका है।

तीलियां

माचिस की डिब्बियों में बंद
हम तीलियों की उम्र कितनी है
हम नहीं जानतीं

कब रगड़ दी जाएं
उसी डिब्बी के कूल पर
और सुलग कर राख हो जाएं
हम नहीं जानतीं

हम जानतीं हैं लेकिन
जलना प्रारब्ध है
और जलते हुए थोड़ा-थोड़ा बुझते रहना विवशता

पर जलने के लिए हमें डिब्बियों से बाहर ले आएगा भाग्य
तजनी होगी काठ बने रहने की इच्छा
देना होगा क्षण भर का प्रकाश
नियति को धोखा देने का करना होगा एक और असमर्थ प्रयास

जलना होगा
लेकिन फूस के आसपास नहीं
लुग्दियों के बीच भी नहीं
आसानी से लेकिन जटिलताओं से बिना मुँह फेरे
अपनी मर्यादा में बँधकर
बचते-बचाते बस जल जाना होगा
ताकि फैली हुई मगर डिब्बियों में बंद आबादियों में
आग बने रहने की गुंज़ाइशें कम होती जाएं।

पैदल

हम पैदल चलनेवाले लोगों को
रास्ते खोजने नहीं
बनाने पड़ते हैं
रास्ते वही खोजे जा सकते हैं
जो पहले से ही मौजूद हों
ऑफ़िसों, अस्पतालों, मीनारों और
पचहत्तर तरह की बेतकल्लुफ़ी की ओर जाते हुए

हम पैदल लोगों की पैदल दुनिया
जिसमें कहीं से कहीं चले जाने के लिए
सिर्फ पैर हैं और हौसला
चाबियों के गुच्छों और लोहे के डिब्बों को ढोने का कोई बहाना नहीं

रास्ते बना लेने से मतलब
रास्ता निकालना नहीं
बल्कि उसी रास्ते से
अपनी शक्ति और सामर्थ्य को
आत्मा की इंच-टेप से नापते हुए जाना है

हम कैसे जानते हैं लोगों को
नामों से, चेहरों से, पतों-ठिकानों से
ईर्ष्या से, स्पर्धा से
हाव-भाव से, कार्यालयी मुहरों से
अख़बारों से, किताबों से
या अन्ततः सकुचाहट या
हिचकिचाहट से

जबकि जानना था हमें उन्हें उनकी पीड़ा से
मरहम से, घाव से
उनके उजड़े हुए गाँव से
संगीत से, कला से
क्षमा से और
जानना था उन्हें उन विचारों से
जिनसे वे बने हैं

हाथों से जानने थे हाथ
आँखों से जाननी थी आँखें
पसीने से जानना था कि
यात्रा कितनी दुष्कर रही होगी
प्यास से जानना था कि
महानगरों के किन मलबों से कुचले जा चुके हैं
नींद और सपनों के मायने

अपने घिसे हुए पैर
और रगड़ खाई आँखों से
जहाँ मैं कभी नहीं पहुँच पाऊँगा
मैं चाहूँगा कि
तुम उन जगहों पर जाओ
यह इसलिए कि
एक पैदल दूसरे पैदल को उत्तराधिकार में
मात्र यात्रा दे सकता है

जब मन बस जाए
मिट्टी होने लगो वहाँ की मिट्टी पाकर
बाँध लाओ मिट्टी एक पोटली में

वहाँ से खोज लाओ
खौर खाती बयारों की भीनी गंध

लौटो वहाँ की आबोहवा को लपेटे देह पर
वहाँ की भाषा-बोली के कुछ बिखरे हुए कंकड़-से शब्द
और छटांक भर छुअन किसी मँझे हुए कलाकार के आँगन की

वहाँ यदि जाना हो पाए
तो ढूँढ़ना किसी कवि का घर
देखना कि खंडहरों में कितनी बची हैं कविताएं
या किसी बनैले जीव की तरह दुरदुरा दिया जा चुका है उन्हें
किसी संगीतकार के वाद्य को माथे से लगा आना
किसी नर्तकी से मिलना और पूछना उससे समय वहाँ का
किसी कुम्हार को ढूँढ़ना
वह बताएगा तुम्हें वहाँ का असली भूगोल
लोहारों की बस्ती में चोट खाए धातुओं के गले हुए चदरे देख आना
वे बताएंगे युद्ध और शांति के बीच कितने लोहे और कपास का संतुलन होता है

जैसे भी जान पाओ
लोगों और जगहों को जान पाने में
वह रास्ता मत भूल जाना
जो तुमने बनाया है
यह जानते हुए कि
पैदल लोगों के लिए पैदल है दुनिया
जिसे गाड़ियों, जहाज़ों,
युद्धपोतों या वायुयानों से नहीं
संभावनाओं से नापा जा सकता है।

यह तो नहीं है जीवन

यह तो नहीं है जीवन
जिसे जिया जा रहा है
अनकहे, अनसुने
लापरवाह, बेअन्दाज़

सुइयों पर रेंगता हुआ
जिसके न होने की कमी नहीं खल रही
जब तक है

जब न हो
समय में तौला हुआ थोक या खुदरा
जीवन किसी अनहोनी की तरह तो नहीं

यही है जीवन क्या
जिसे मैं दर्पणों में नहीं देख पा रहा
पड़ा विदीर्ण हटा-कटा
बँटा परिस्थितियों में
उठते पहर में शोर-सा उठता
गिरते पहर में एक झलक-सा गिरता हुआ

जिसे तुम अपनी छतों से गुज़रता हुआ देख रहे हो गली में
उसी जीवन के चीर का
आधा बनियान, आधी पतलून
और उस पर लदी हुई विश्रांतियों का कैल
सिर पर लादे हुए एक शरीर चला जा रहा है मेरा

गिना हुआ सब कुछ जब अनगिन

अनगिन जिस पर शून्य का श्राप

शून्य से दूर

लेकिन अधिक नहीं आधिक्य का माप

बदला हुआ दिन

जो सब कुछ नहीं बदल देता

एक सूरज रोज़ आकर कूद जाता है क्षितिज से

एक कालिख़ रात के ललाट पर पुत जाती है

किसी जलती हुई भ्रांति के दीये की कोर से

सूक्ष्मदर्शी नहीं दिखाता जीवन

औनी-पौनी भागती हुई नसों

और छिलबिलाती कोशिकाओं की जैविक प्रतिस्पर्धा की तरह

न ही जेब में छनकते सिक्के

न ही जवानी के पतरे में पड़ा लोहा

न गज़ों में नपता है

न काग़ज़ों पर छपता है मुहरें ठोककर

भागते हुए आदमी की क़मीज़ पकड़ने पर

आदमी नहीं, क़मीज़ का टुकड़ा हाथ में आता है

भागता हुआ वक़्त अपना ज़ामा मुँह में दबाकर

गिरी हुई देहों के बग़ल से जी चुराकर सरसराते हुए

बिना किसी हंफहंफी के निकलता है

आँखों का सब कुछ देखा हुआ

कानों का सब सुना हुआ

सब छुआ

सब भाँपा हुआ
अपने अलग-अलग विस्मय और
रोमांच की अलग-अलग कहानियों से बुना-गुंथा
सब का सब
एक दिन अर्थहीन हो जाता है
सच उतना ही कड़वा होता है
जितना उसे जीनेवाला जानता है

जब भी देखा
जितना भी देखा
आस से भरा एक प्रत्यर्पित मन देखा
घड़ियों में बँधा जीवन देखा
देखने को सिर्फ जगहें होतीं
तो पगडंडियों को पैरों से लपेटता हुआ
हर दूसरी ऐसी प्रत्याशा की देहरी तक
सिर्फ यह देखने पहुँच जाता कि
वहाँ कोई ऐसा रहता है क्या
जो अब भी बँधा सकता है ढांढ़स मेरे टूटते हुए साहस का

सोई हुई दुनिया के लिए सोया हुआ ईश्वर है
खर्राटे लेता हुआ खर्राटों के बीच
जगे हुए सब लोग तकलीफ़ों के या तो मारे हुए हैं
या फिर फाँक रहे हैं पीड़ का कड़वा मोटा चना
या तमाशबीनों की तरह पीट रहे हैं तालियां
लगा रहे हैं ठहाके
रोते हुए विदूषक की करामाती अठखेलियों पर

यह जो अगीत है

दुःख नहीं, क्षोभ नहीं, चिढ़ नहीं

अचानक आया हुआ जीवन है

जिस पर न कोई नकेल है

न कोई लगाम

एक चौराहे भागते हुए भिड़ गया है

ठोकर खाकर मुँह के बल पड़ा है अचेत

जो बीत रहा है

जो बीत चुका है

जिसे बीत जाना है

उसे किसी भाषा-परिभाषा में बाँध सकते हो क्या

सब धूल है धूल

बाँधोगे – फिसल जाएगी

पेशानी से आस्तीन पर

आस्तीन से ज़मीन पर

जिसे कहते हो जीवन

वह विस्मय से ज़्यादा कुछ नहीं।

पहाड़ हमारी भाषा जानते हैं

1.

ऊँचाइयों पर खड़े रहने के लिए
एक समतल ढूँढ़ना पड़ता है
एक पहाड़ दूसरे पहाड़ की दृष्टि में
बस पहाड़ है
आदमी समतल से पहाड़ देखता है
और पहाड़ से समतल।

2.

पहाड़ जैसे दिन हो सकते हैं
पहाड़ जैसी रात भी हो सकती है
दोनों काटे भी जा सकते हैं
लेकिन पहाड़ काटकर रास्ता निकाला जा सकता है
पहाड़ को दिन और रात की ज़मीन से
अलग नहीं किया जा सकता।

3.

पहाड़ से गिरकर कभी कोई नहीं मरा
पहाड़ से गिरनेवाले को मारनेवाली
उसकी दूरी थी मैदान से
जिसे या तो वह भूल गया था
या फिर उसे अन्दाज़ा नहीं था।

4.

पहाड़ों से जब भी आवाज़ लगाई
पहाड़ों ने दुहराया
सारा का सारा पुकारा हुआ
यानी पहाड़ हमारी भाषा जानते हैं।

5.

पहाड़ों से आसान लगते हैं मैदान
मैदानों से आसान लगते हैं पहाड़
दो अविदित पीड़ाएं दूर से
एक-दूसरे को आसान ही लगती हैं।

आवाज़ें लौटती हैं

1.

आवाज़ें लौटती हैं
जब उन्हें नहीं मिलती जगह

कहे हुए और सुने गए के बीच के गह में
जो जगह है
वह दुनिया है —
खोई हुई आवाज़ों का नामालूम पता।

2.

दुनिया जिस आवाज़ में चुप रहना चाहती है
वह भूख और नींद की आवाज़ है
ऐसी घोर चुप्प में आँतें पिघलती हैं

आवाज़ों को पेट और दिमाग़ से बाहर जलना चाहिए
जिस पर भात पक सके
भूख और नींद जब पुकारते हैं
देह को कोई और आवाज़ नहीं सुनाई देती।

3.

बोलने की समर्थताओं ने
तुतलाती हुई आवाज़ों में रटी है बारहखड़ी और पहाड़े
बचपन असली शोर था

एक के ऊपर एक चढ़ती हुई आवाज़ों की सीढ़ियों पर खड़ा
भरे कौतुक से सुनता
आवाज़ों का विस्मय
एक नई खोज की तरह।

4.

अगर प्रेम तुम्हें नहीं पुकारता
तुम पुकारो प्रेम को
उसी आवाज़ में —
जिसमें करते रहे तुम प्रतीक्षा
पुकारे जाने की

प्रेम भी तुम्हारी तरह बैठा हो
एक पुकार की जोह में
यह भी तो हो सकता है।

5.

तुम मुझे पुकारो!
दुनिया के शोर से थोड़ा ऊपर उठ जाती है
तुम्हारी आवाज़

तुम मुझे पुकारो —
तुम्हारी दी हुई आवाज़ की ओर लौट सकता हूँ
वही मेरा घर है।

6.

आवाज़ों की बेज़रूरत आबादी के बीच
चुप्पियां उग आती हैं
दरारों में –
दीवार के जिस खाँचे में फँसकर
नहीं लौटती आवाज़।

7.

दुनिया में जितनी भी इच्छाएं हैं
वे या तो कहे जाने के लिए हैं
या सुने जाने भर के लिए
इतनी स्पष्ट इच्छाओं के बीच तुम्हें देखने भर की इच्छा से भरा
कई-कई आवाज़ों में तुम्हें याद रखता हूँ
कई-कई आवाज़ों में तुम्हें पुकारता हूँ

तुम मुझे सुनो –
यह आवाज़ तुम्हारे लिए।

अमलदारी

इससे पहले कि
अक्षुण्णताओं के रेखाचित्र ढ़ोते
अभिलेखागारों के दस्तावेज़ों में
उलट-फेर कर दी जाए

उन सारी जगहों की
शिनाख़्त होनी चाहिए
जहाँ बैठकर एक कुशल और समृद्ध समाज की
कल्पनाओं के स्वांग रचे गए
पीठासीन पदाधिकारियों ने
गाल बजाए और
प्रलोभनों के चुम्बकीय आकर्षण में
काठ के बगुलों ने
चोंच के बल खड़े होकर
दोनों पंजों से तालियां पीटीं

उन जगहों को हिंसक बताया जाना चाहिए
कनबहरे कार्यालयी दीमकों ने
जिन जगहों पर दुर्भिक्षों के
याचनापत्र चाट खाए
जो अजीर्ण रहा
उन्हें चबाकर आए दिन
तेज़ाब की तरह
असहायों की गिरी हुई देह पर थूकते रहे

उन जगहों पर अजायबघर बनाए जाने चाहिए
अदायगियों के अदद पर
जिन जगहों पर पगड़ियां गिरीं और
उनके गिरने से वहाँ की
ज़मीन थोड़ी धँस गई
जहाँ प्रामित्यों का समतल आज भी
पगड़ियों के छाप नहीं मिटा पाया
और यह जल्द से जल्द होना चाहिए क्योंकि
पगड़ियों का द्रव्यमान
ईश्वर की मूर्तियों से ज़्यादा होता है

इतिहास पगड़ियों की जगह
सिर पर पनही रखकर
ड्योढ़ियों के सामने से
गुज़रने के बारे में नहीं बताता।

स्तब्धता

स्तब्धता एक बेजोड़ निकास है
सदियों से मुलाक़ातों, हादसों और
प्रव्रजनों को देखते हुए हम स्तब्ध खड़े हैं

नदियां देखकर बाँध स्तब्ध खड़े हैं
गाड़ियां देखकर पुल
तुम्हें देखकर मैं स्तब्ध खड़ा हूँ
मुझे देखकर तुम

हम दोनों एक-दूसरे की
अशक्त अवस्था पर हँसते हैं
ग़ौरतलब यह है कि
रोज़ अख़बार पढ़कर अफ़सोस जताते हैं
अफ़सोस जताना मुफ़्त का काम है
एक असहज ध्वनि तक सीमित होता है
अख़बार पढ़ने के बाद
मैं अपने कपड़े रगड़-रगड़कर साफ़ करता हूँ

मैं पहले आँखें लिए खड़ा रहता था
अब कैमरा लिए खड़ा रहता हूँ
मेरे हाथ रोटी कमाते हुए मज़बूत नहीं हुए हैं
मैं भरे पेट का भूखा कमज़ोर इंसान हूँ
मेरे हाथ में अगर तलवार पकड़ाओगे
छटपटाकर अपने हाथ काट लूँगा

इसकी तालीम मैंने नागरिकशास्त्र की
किताबों से पाई है

मैं सबकुछ देखता हूँ
या तो भीड़ में खड़े होकर
या ओट में छिपकर

मैं काग़ज़ों पर बयान देता हुआ
हर हादसे का चश्मदीद गवाह बनता चला जाता हूँ

रोज़ तैयार दिखना मैंने तवायफ़ों से सीखा है
लिहाज़ा मेरी पीठ छिली हुई है
लेकिन आँखें चेहरा देखतीं हैं पीठ नहीं
मैं भरसक कोशिश करता हूँ समय काटने की
लेकिन समय मुझे काटता जाता है
घंटे की बड़ी सुई मेरी आँत में जा धँसी है
मिनट की आँख में
और सेकंड की सुई जीभ और तालु के बीच फँसी है

प्रार्थनाओं की श्रृंखला में
स्तब्ध मूर्तियों के सामने क़तारबद्ध
मुझे स्तब्ध खड़ा देखकर
इतना अनुमान लगाया जा सकता है कि
स्तब्धता एक ईश्वरीय गुण है
मानवीय नहीं।

ग़ायब लोग

हम अक्षर थे
मिटा दिए गए
क्योंकि लोकतांत्रिक दस्तावेज़
विकास की ओर बढ़ने के लिए
हमारा बोझ नहीं सह सकते थे

हम तब लिखे गए
जब जन-गण-मन लिखा जा रहा था
भाग्यविधाता दुर्भाग्यवश हमें भूल गया

हम संख्याएं थे
जिन्हें तब गिना गया
जब कुछ लोग कम पड़ रहे थे
एक तानाशाह को कुर्सी पर बिठाने को
बसों में भरे गए
रैलियों में ठेले गए

जोड़ा गया
जब सरकारी बाबू डकार रहे थे
घटाया गया जब
देश में निर्माण-कार्य ज़ोरों पर था

हम जहाँ खड़े दिखे
अदना-सा मुँह लिए
जिन पर मानो एक साइन बोर्ड लगा हो

'कार्य प्रगति पर है
असुविधा के लिए खेद है'

हम खरपतवार थे
पूँजीवादी खलिहानों में
यों ही उग आए थे
हमारे लिए कीटनाशक बनाए गए
पचहत्तर योजनाएं छिड़क-छिड़ककर मारा गया

हम फटे हुए नोट थे
चिपरे सिक्के थे
चले तो चले
वरना मंदिरों, मस्जिदों के
बाहर की दीवारों पर चमकते रहे
कटोरियों में खनकते रहे

हम थे कि नहीं थे
यह भी कहना मुश्किल है
हम परायी जगहें छोड़कर
अपनी जगहों के लिए निकले थे
पहले पौ फटी
फिर पैर फटे
फिर आँत फटी
और आख़िर में ज़मीन फटी

हम आगे बढ़ाए गए
पिछड़े लोग थे
मसानों में ज़िंदा थे
काग़ज़ों पर ग़ायब।

गिर्दाब

जिन बच्चों ने युद्ध देखे
उन्होंने या तो बंदूकों युद्धपोतों,
मारक विमानों में रंग भरा
या फिर ख़ाली कर दिया उन्हें रंगों से

जिन्होंने देखी भूख
उन्होंने रोटी को काला किया
और रात को उजला

जिन्होंने देखा टूटा घर
उन्होंने बनाई ईंटें
गली-मोहल्ले की दीवारों पर

जो बच्चे वंचित रहे
पारिवारिक सुख से
दुनिया लावारिस कहती रही जिन्हें
उन्होंने या तो उकेरी ममता
या देते रहे जवाबी गालियां

जिन्होंने जलते मकान देखे
उन्होंने पानी बनाया
जिन्होंने डूबते मकान देखे
उन्होंने नाव बनाई

जिन्होंने देखी ढलती छाँव
उन्होंने बनाए पेड़
जिन्होंने देखे सूखते गाँव
उन्होंने बनाए खेत

शैशव का कोई अपना रंग नहीं है
वह या तो सादे पन्ने को
अपनी असमर्थता से भर देता है
या फिर संभावना से।

समतल

समुद्र के पानी में आया नमक
रात की बही हुई उदासी है
नदियां मीठी इसलिए हैं
क्योंकि उन्हें तटों के कंधों का सहारा है

सुख का गंतव्य दुःख में विलय है
जैसे नदियां अपनी मिठास
समुद्र के खारेपन में मिलने से नहीं बचा सकतीं

समुद्र कहीं किसी कोने में जाकर नहीं गिरता
पृथ्वी का कोई कोना नहीं है
ऐसा पाइथागोरस कहता था

पृथ्वी का कोई हिस्सा
ना ऊपर है
ना नीचे
समतल एक भ्रम है
जीवन समतल की तरह भले दिखता हो
होता नहीं है

हम अपना पूरा जीवन
एक वक्र रेखा को सरल कहकर और
एक वृत्त को बिंदु मानकर गुज़ार देते हैं
समय कभी भी सरल रेखा में नहीं चलता

भूख की रात सबसे लम्बी होती है और
ग्लानि का दिन सबसे गर्म
बिछोह की शाम सबसे ज़्यादा कोंचती है और
बेगारी की सुबह सबसे ज़्यादा चुभती है

समय अपना धर्म कभी नहीं भूलता
ईश्वर और धर्म दो अलग रास्ते हैं
धर्म का ज्ञान ईश्वरीय नहीं और
ईश्वर धार्मिक कभी नहीं हो सकता।

क्या फ़र्क़ पड़ता है

लोकतंत्र में
आँखों का काम देखना नहीं है
धूल फाँकना है

मतदान खड़ी नाक से नहीं
कटी नाक से करवाया जाता है
जिसकी घ्राणशक्ति क्षीण है
जिस पर ऐनक नहीं टंगती
सूँघना जनता का काम नहीं कि
हवा सूँघकर बता दे
इस बार बयार हरे की तरफ़ है या
लाल की तरफ़
पुरबिया टोले की तरफ़ है या
पछिया टोले की तरफ़

हेंकड़ी हारे या मठ
क्या फ़र्क़ पड़ता है
बपौती जीते या ठठ
क्या फ़र्क़ पड़ता है

राजनीति ठगी का काम है
जनता की जेब
मदारी का खेल देखने के बीच
कब कट जाती है
पता नहीं चलता

हुआँ-हुआँ की मंगल ध्वनि
पाँच साल पर सुनाई पड़ती है
चुनावी घोषणापत्र
एक फटा हुआ लाउडस्पीकर है
जिसका काम चाकरी बजाना है

नेता किस दल की टोपी पहनता है
क्या फ़र्क़ पड़ता है
सियार किस रंग के कपड़े पहनता है
क्या फ़र्क़ पड़ता है!

दिसम्बर अंतिम के अंतिम पर न होने की जगह है

1.

दिसम्बर एक दौड़ है
पतली-सी रेलिंग पर भागती हुई
गिलहरी की दौड़

जिसे कहीं जाना नहीं है
रुकना है यहीं
बग़ल के किसी सूखते सेमल की कोटर में

ठंड के थोड़ा और ठिठुरने से पहले
झीलों के थोड़ा और जमने से पहले
दीवारों के थोड़ा और सीलने से पहले
पेड़ों के थोड़ा और कंपकपाने से पहले

अपनी जिज्ञासाओं को
अपनी कोटर में
खींचकर ले आने की दौड़

जब सबकुछ शांत है
लेकिन संभ्रांत
उत्तेजनाएं जब स्थिर दिखने लगती हैं
तब सबसे ज़्यादा चोटिल होती हैं

मुझे नदियों के बारे में मत बताओ
पता नहीं क्या बहता है उनमें
मैंने दिसम्बर की राख देखी है
एक क्षुब्ध फैली हुई
झाग से फफनाती नदी में

नदियों को हमेशा जाते हुए देखा है
कभी लौटकर आते हुए नहीं
दिसम्बर एक जाती हुई नदी है

दिसम्बर तक सारी प्रतीक्षाएं
जीवट लगती हैं
मानो जैसे उनमें अब भी रंग बचा है
एक आपबीती का

दिसम्बर एक पटरी
जिस पर से गुज़र जाती है
पूरे साल की लदी हुई
थकान से भरी रेलगाड़ी

नहीं छोड़ पाता
मैं लाख कोशिशें करता हूँ
बचाकर रख लेने को
सिर्फ यह एक महीना

लगता है जैसे
समय की यह सड़क
एक साल और चौड़ी हो जाएगी

मैं थोड़ा और असहाय
अकेला खड़ा एक तरफ़

दिसम्बर
जैसे मेरी चमड़ी से खिंचा जा रहा हो
बाहर आ जाता है
झुर्रियां बनकर
महत्त्वाकांक्षाएं बूढ़ी होने लगती हैं

दिसम्बरों का जाना
प्रतीक्षाओं का चले जाना है असमय
मैंने तुम्हें बचाने की कोशिशें शायद कम की हों
लेकिन तुम्हारी प्रतीक्षाएं बचाने की कोशिश में
हर साल एक दिसम्बर हार जाता हूँ।

2.

दिसम्बर किसी अंतिम का पूर्वकल्प
वसंत के सब उगे के
शरद में गिरने को समेटता
एक नए की तितिक्षा में देता हुआ आकार

एक धरे हुए जीवन के गणित की पंक्तियों में
दिसम्बर की उपपंक्ति
रखती हुई गोलाई
मानो अवधा
सधी हुई जीवा पर

दिसम्बर अंतिम के अंतिम पर न होने की जगह है कि
विकल्प और संभावनाएं अब भी हैं
यह लो पाथी —
पार करो मरजिया का पुल

दिसम्बर मरजिए के पुल की चचरी
चचरी के चरमराने में फैलता चरवाहे का बिरहा
बिरहा के बीच का नाम
उस गीत का विराम
जो अटक जाता है गले की धांस में

दिसम्बर चरवाहे का बिरहा है
जो वह फिर गाएगा
पूरा गाने के जतन में।

सादृश्य

चित्र में जो था
वह जीवन ही था
एक क्षण, जिसे खींचकर गुरुत्व से अलग कर दिया गया हो
और वह चला जा रहा सीध में तब तक
जब तक उसके जड़त्व में मुझ सम
किसी दर्शक की कपोल दृष्टि बाधा न डाल दे

चित्र में जो था
उसे जितना मैं देख रहा था
उतना ही उसने मुझे भी देखा
याकि अपनी सारी दुनिया बटोरकर
किसी कोलम्बस की दिशा में
मैं उसे उतना ही ढूँढ़ने निकला था
जितना वह मुझे

चित्र में यदि वह चिड़िया होता
तो मैं मनुष्य की तरह उसका आकाश नहीं देख सकता था

चित्र में यदि वह होता कोई बनैला जीव
तो मैं मनुष्य की तरह उसकी चेतना में नहीं ढूँढ़ता अपनी उत्तरजीविता के निमित्त

चित्र में यदि वह होता पौध या पेड़
तो मैं मनुष्य की तरह नहीं टोह सकता था उसका स्थावर गढ़न

चित्र में यदि वह मेघ होता
तो मैं मनुष्य की तरह नहीं जान सकता था टेर उसकी
बरसते हुए – धरती के वक्षस्थल को करते हुए
थोड़ा-थोड़ा शांत और शीतल
फिर-फिर मेघ बनने की प्रक्रिया में

चित्र में यदि वह होता चाँद
तो मैं मनुष्य की तरह बस उसे निहार सकता था
जैसे निहारते हों दो प्रेमी एक-दूसरे को
आख़िर में ढूँढ़कर कोई निर्जन कोना
या जैसे भूख निहारती है रोटी को

चित्र में यदि वह मनुष्य होता
तो मैं कितना मनुष्य हो सकता था उसके सामने

चित्र में जो था –
वह प्रश्न था
उस प्रश्न में जीवन था
चित्र में वह बस चित्र नहीं हो सकता था।

पेपरबोट

तुम्हारा हृदय
उदासियों की तरलता में बहती हुई एक नदी है –
जिसमें मैं किसी पेपरबोट-सा
असंग बहा जा रहा हूँ

तली का खुरदुरा काग़ज़
गीलेपन की भाषा में
काठ होने के स्वप्न देखता है

काठ का सपना –
काठ की ठकठक में
काठ जैसा बजता हुआ

देह की मिट्टी के भीतर बहती हुई
सदानीरा की सतह पर
बहता हुआ वह काठ का सपना
काग़ज़ से मिट्टी और मिट्टी से काठ होता हुआ

उदासी के हिमखंडों के महाशैल के ऊपर
रीढ़ की ओर से वह कौन-सा सूर्य उगा होगा
अस्त होते हुए उसकी गति में
पृथ्वी ने अपनी धुरी पर कैसे उगाया होगा
मनुष्यों और वनस्पतियों के बीच का जंगम उजाड़

यह नदी तरल से पहले ठोस रही होगी
उसमें नहीं रहे होंगे द्वार
मौन की जड़ता अवश्य रही होगी
नहीं रहा होगा निर्विचार पूर्वग्रह
उर्ध्व से समतल की वर्जनाओं को पोसता

क्षीण होने की दिशा में
ठोस बहते हैं
पिघल-पिघलकर जैसे
विचार पिघलते हैं
भाषा के प्राकट्य की ओर
महादि से महांतक के बीच

एक काठ बहता है
उसी धारा की तरलता में
कविता बनकर
निःस्वप्न

काठ के सपने में
काठ की ठकठक की तरह
काठ जैसा बजता हुआ

बहता हुआ वह काठ का सपना
काग़ज़ से मिट्टी और मिट्टी से काठ होता हुआ।

क्या इस फागुन भी नहीं मिलोगी

क्या इस फागुन भी नहीं मिलोगी?

आदमी से रेत
रेत से पत्थर हुआ
पत्थर से रंग नहीं होगा
बिछोह का यह फाग

फरेरे समेटे
बैठा कोई विरह-काग
धूल फांकता है
चैत की पौनाई पर

सावन-भादो की बरसाती लहर में
गीला हुआ एक छाता
अभी तक खुला सूख रहा है
छज्जे की मौर पर

आत्मा कहीं आसपास
खुली पीठ लेटी है
ज्यों-ज्यों दमकता ताप पिघलाता है
उसकी सड़क का कोलतार
ढीठ; और ढीठ हुई जाती है

क्या यह फागुन भी बस

गिने हुए दिनों और
कुहकती हुई रातों का पूला भर है?

क्या इस फागुन भी रंग नहीं होंगे मेरे?
क्या अब सारे लाल सफ़ेद होते चले जाएंगे?
क्या आसमान नीला का नीला ही रह जाएगा?

इतने मौसम लाँघकर
मधुमास तक भी
नहीं आएगा तुम्हारे लौटने का कोई संकेत?

क्या इस फागुन भी नहीं मिलोगी
इतने फागुन बाद?

मैं, भूमिज

मैं, भूमिज –
बँधा संकल्प से
सहस्रों-करोड़ों परिक्रमणों के बीच

मृदा से माँगता क्षण-क्षण
रुधिर, स्वेद, भोज्य-भोग्य जीवन
नहीं पूछता प्रश्न
संपृक्तियों से आपन्न

एक तारा उगता है रातोरात
एक सूरज चढ़ता है दिनोदिन

इतने अनगिनों में से बचा एक अनगिन
मैं देखता हूँ वही-वही तारा बची रात का
देखता हूँ वही-वही सूरज तपे दिन का

हर उनींदी से पाता हूँ नई दृष्टि
हर बची रात के बाद बचा हुआ
हर तपे दिन के बाद तपा हुआ
एक नया मैं –
नई आँख से देखता हूँ वही तारा-वही सूरज
जो मेरी चेतना में चमकता है
जो मेरे ज्वर में तपता है

मैं, मेरे दुःखों की खाल ओढ़ता हूँ
जब गिनता हूँ चलते हुए पगों की व्यग्र थाप
तब अनगिनों के गणित में
शून्य दो बार आता है

मैं, भूमिज, दो शून्यों के बीच
एक जीवन की यातना भोगता
क्षिति से दूर
व्योम की ओर बढ़ता जा रहा हूँ

इस अधीत पीड़ा –
जिसमें भोग्य का आरोह
किसी प्रारब्ध के चक्रव्यूह में घिरी
इति की ओर से उठा हुआ अवरोह है –
में देखता हूँ
एक पृथ्वी का त्रास

मैं, भूमिज, अपनी जड़ों से
पहुँचना चाहता हूँ
पृथ्वी!
तुम्हारी गर्भ तक।

विदा कहना भूल गया हूँ

चलने को हुआ
तब नहीं आया ध्यान
पार्क की बेंच पर
मोगरे की सुगंध और
जंगलाई घास पर एक स्मृति छोड़ आया हूँ

ऐसा तब भी हुआ
जब महानगर की महाभीड़ में
तपने को घर का कोयला लेकर चल पड़ा था

और तब भी जब
फूटकर रोने की जगह स्मितियों को देनी पड़ी
एक फूल-सी लड़की को अंतिम बार देखते हुए

चलने को हुआ
तब नहीं आया ध्यान
पिता को अभी दी है मुखाग्नि
बटोरे हैं अस्थि-फूल
हाथ में आग लिए चल रहा हूँ
पानी की दिशा में

नहीं स्मृत हुआ
चलने का ऊबड़-खाबड़
पिता की तर्जनी को
अपनी गोलाइयों से घेरती – हठ करती

मुट्ठी की पकड़ अशक्त हो गई
फिसल गया ज्यों ख़ाली हाथ लहराता हुआ
वायुमंडल में घुलता
अनुपस्थितियों के साथ

भूगोल में से निलय को जाता हुआ पथ मिट गया
आत्मा की संठी से टोता हुआ
आग और पानी की देह लिए
अप्रस्तुत को लौट गया

चलने को हुआ
तब नहीं आया ध्यान
किसी से विदा कहना भूल गया हूँ

लौटने पर विदा की ओर
क्या वहीं होंगे सब –
मोगरे की गंध
घास का मृदुल आतिथ्य
घर का चूल्हा
फूल-सी लड़की
और पिता!

तीरे तीरे देह

यह जो अचानक जीवन भर आया है मुझमें
आत्मा के पोरों पर ठहर गई है चैत की धूप

बागमती के प्लवन की ओर से चिल्लाता
वृष्टियों की अति में डूबा –
आँख और कान की डूब
वांछाओं की अहजह की डूब
डूब की दलदल
डूब का पंक –
वक्षों की ढाल तक पर माटी के स्मृति-चिह्न लिए
नदी से सूखे की ओर
अंत:चेतना से होता हुआ खोखल
कालिन्दी तक चला आया
नदियों के इस देस में
बहता हुआ नदी-नदी

एकांतिकी में डूबने की श्लथ गति में
पानी की ओर पानी होते हुए में
हाथ पकड़ता है कोई और खींच लेता है
जीवन-उत्सव की डोंगी पर

सरयू से देता है कोई आवाज़
और गंगा–गंडक–बागमती का सिरफिरा बटोही मैं
सुन लेता हूँ यमुना के तीरे

वह पुकार नेह की — हिय की

अब यह आवाज़ है, जो पानी पर तिरती है
पानी की भाषा में बोलती-बतियाती है
चेहरे पर उग-उग आती है पानी की परछाईं और चमक
मालूम कि आत्मा की सुराही में भर आई है
पानी और मिट्टी की देह-गंध

सब कुछ सुंदर होता चला गया है अचानक
एक अचानक के बीच
नहीं कोई अर्थ
बस इतना कि
तिरता है जीवन आस्य की जीवा पर
एक सजल स्मित होकर और
प्राण-फूल खिलते हैं वयस की नई भोर में

डूब से सतह पर उठती हुई
सब भूली हुई दुनिया —
सब बीते हुए पीड़ के दंश बहते हुए दूर की ओर

यह जो अचानक आ खड़ा हुआ है
एक अचानक के बीच
यहीं से फूटती है एक आदि-नदी
जोड़ती हुई मिलन के कल्पमूल में दोनों स्त्यान देहों को —
पत्थर से पानी करती हुई।

पुनरुक्तियों में

वह नहीं कह सका –
नहीं कहने में जो पुनरुक्तियां आती हैं
उसे लिपिबद्ध करने को
शब्द नहीं
आत्मा का कोलतार लगता है

कोलतार एकदम ज़रूरी या परिभाषाओं में फिट नहीं कि
काला ही हो –
पीला हो सकता है
हो सकता है
गाढ़ा कत्थई या महावरी लाल
सफ़ेद हो सकता है
नीला हो सकता है
या वह रंग
जिसके मद्धिम प्रकाश में
उसके सारे सपने तिरते हैं

वह जिस जगह नहीं है
उसके होते हुए की
वह ख़ाली जगह भी उसकी है

वह जिसके पास शब्द नहीं हैं
लेकिन आत्मा है –
लिपिबद्ध और चुप्प

वह नहीं कहता
उसका कुछ छूट गया है पीछे
पुनरुक्तियों में
जिसे एक प्रश्न कहा जा सकता था

वह, जो आदमी के अंदर
'कोई' बनकर रहता था
आदमी होने के और अधिक
सुंदरतम-दीर्घतम रूपों में

वह, जो आत्महत्या की कोशिशों में भी
प्रेम करना नहीं भूलता

वह, जो बची हुई जगहों और स्मृतियों में
बचा हुआ अब भी
बचा रहेगा
प्रेम करने;
करते रहने के लिए।

अ-स्थावरण

विस्थापितों की चनाज़ोरगरम आबादी में
एक खोए हुए पते का मकान
रेंग और पैदल को लौटता हुआ कोई घर हो सकता था
लेकिन शहर का तारकोल दरवाज़े की फांक पर
ऐसे चिपड़ता है, जैसे समय साल की लंबी सुई में महीने का धागा फंसाकर
रफू कर गया हो बिन फटे की औंधी आँख

एक पते का फिरा हुआ
दूसरे पते को ग़ौर से देखता हूँ और
विस्मय से विश्वास में बदलता हुआ
मान लेता हूँ उसे वह ठाँव-ठौर
जिसे उलझी हुई भौगोलिकी में घर होना था

वहाँ मुझे क्यों होना चाहिए
प्रायिकताओं के अपूर्णांक जहाँ गड्डमड्ड हो चले हों
क्या वह रिक्तियों का न्यून भी अब आत्मा को कोंचने के लिए सज्ज हो चला है
जहाँ प्रतीक्षा की ख़ाली कांच में असन्निधि के कंकड़ भर दिए गए हैं

स्वेदभूमि के स्वत्व में
अवकाश का कोई क्षण फड़कता है
और उबाल पर चढ़ती है रुधिर की प्रत्यंचा
उच्छ्वासों के शर बेधते हैं रफू की सिलाइयां
फाड़ते हैं जमा हुआ तारकोल
टूटती है एक मकान के स्थायित्व की अघोषित चिरनिद्रा
धूल के फाहे अगोरते हैं तलुए – पैरों में उग आता है कपास

हाथ पसारता हूँ और बटोर लेता हूँ
अपने हिस्से की पृथ्वी
गले तक भर आता है एक विस्मृत विदा-गीत पूर्वजों की लोकभाषा का
दृश्य-अदृश्य में भी कोई आश्रय बचा लेता है प्राण

लौटने को जैसे-जैसे घर बीतता गया
एक अदिष्ट इच्छा का जोग
वयस की देह पर छानता रहा सारंग की कुंडलियां

अब एक दुनिया से सांकल खटकाता हूँ
तो दूसरी ओर का कोई विस्थापित प्रतिबिम्ब खोलता है पाट किवाड़ों के
अनागत को देता है जगह
एक आँसू रखता हूँ भाटक का और
लौट आता हूँ आँखें बदलकर।

पानी की वर्तनी

सब सोचेंगे
नदी नहीं सोचेगी
पानी के भविष्य के बारे में

सब नहीं गाएंगे
लेकिन मछलियां गाएंगी
नदी का मेघगीत

नदी से आसमान कितनी भी दूर हो
लेकिन बचाने मछलियों का एक सपना
चाँद अपनी परछाईं लेकर उतरता रहेगा पानी में

चाँद को देख सकता हूँ
स्पर्श नहीं कर सकता
नहीं भाँप सकता कितनी सर्द है सतह चाँद की
पानी में जितना उतरता है
उतना ही ठंडा जाड़े की रात में
और उतना ही उष्ण गर्मियों की रात में

सब सोचेंगे
पानी नहीं सोचेगा
चाँद के भविष्य के बारे में

जब दो देहें जानती हैं
एक-दूसरे के होने की तरलता के बारे में

वे नहीं रखतीं संदेह उनके वर्तमान की विलुप्ति पर
ससमय फैलती जाती है आपसदारी की सीमाएं

मछलियां पानी की वर्तनी में गूंथेंगी
नदी का वही मेघगीत –
जिसकी तरलता उन्हें बचाए रखेगी
सुखाड़ के दुःस्वप्नों में भी

पानी की देह पर चाँद उथलेगा
एक और निशा का प्राण-संकल्प
बची रहेगी चाह मिलन की

सब देखेंगे
पानी नहीं देखेगा
कोई सपना भविष्य के बारे में।

पानी को देखा है

पानी को देखा है –
पानी की तरह वहाँ नहीं, जहाँ रखा विधाता ने उसे
वहाँ ज़्यादा दिखा, जहाँ उसके हो सकने की
और न हो सकने दोनों की संभावनाएं बराबर मौजूद हों

पानी को पहली बार माँ की आँखों के गोलार्द्ध पर देखा
कभी कारुण्य, कभी क्षुब्ध, कभी भाग्य की ओर टकटकी लगाए
वह ऐसी जगह थी, जहाँ की लवणता दूर करने के लिए
मैंने सुखाड़ की प्रार्थनाएं कीं

पिता के जीवन में पानी जिस पैठ से व्याप्त था
उससे आज भी इस निर्जन अरण्य में देह की तरलता बनी रहती है
जलते हुए दिन और उसनती हुई रात में भी सूखे गले नहीं तजूँगा प्राण

पानी को देखा है
पानी के दिनों में
और पानी न होने के दिनों में भी
जब बीच रात घुस आता था पानी गाँव की चौहद्दी में
उत्तरजीविता तिरती थी उसकी सतह पर
सब पानी-पानी के हाहाकार में डूबे चले जाते थे
और जब लौटता था पानी भुजाएं समेटे
किसी लौटते हुए विषधर की तरह सरसराते हुए
क्वार क्या, अगहन तक की अनादियों पर अकाल का लेप छोड़ जाता था

पानी जिसे अ-मूलभूत नहीं कहा जा सकता
वह कितनी ही जगहों पर इतना अधिक है
जितना कि न होना चाहिए
और कई जगहों पर वह इस तरह नहीं है कि
कभी किसी दूसरे समय में था या नहीं
इसका पता चलना भी मुश्किल है
समुद्रों, नदियों, नालों, तालाबों और जलप्रपातों की परिधियों से अलग

पानी को देखा है –
पानी होने की शर्त पर
शायद मैं कपास था या
कछार पर फेंकी हुई रेत
पानी कब मुझे अपने साथ भारी करता चला गया
और कब चिरकती हुई धूप में
आत्मा के अंतिम कण तक सूखने को बाध्य छोड़ गया
यह असंतप्त अदेह बनावट अपने अंदर समेटे बह रही है
तरल, ठोस या वात होने की भ्रांति में

मैं पानी को देखता रहा –
कभी उत्सव की तरह
कभी विदा की तरह।

दिद‍क्षा

देखो उधर –
जहाँ से आ रहा है इतनी घोर तमिस्रा में
प्रकाश के होने का अंदेशा

वहाँ जाया जा सकता है
भीतियों से बचने के लिए नहीं
उस बिम्ब की सुरक्षा के लिए
जिसकी बुझती हुई दीप्ति के ओझल होने से पहले
कई प्रायकिताएं ऐसी हैं
जिनमें अंधी दुनिया का उजाला लौट सकता है

देखो उधर –
जिधर एक फूल खिला है
अभी बिलकुल अभी

वह एक अनुमान है या फिर संकल्पना कि
एकरंगी होती दुनिया में
कुछ और रंग हैं, जिनमें बचा है
शैशव और वार्धक्य के बीच का वर्ण-पट

देखो उधर –
उतर आया है नीहार
गिरी है ओस की कुछ बूँदें
बढ़ रही है घने पाले की ओर सृष्टि
(यह संकेत है)

हाथों को हाथों के बीच खोजनी होगी ऊष्मा की छिपी हुई संभावना
देह को तुलाइयों की समर्थता पर करना होगा विश्वास
बोरसियों और अलावों के गिर्द बनानी होगी इयत्ता

देखो –
जिस दिशा से कोई अनागत लौटा आ रहा है
तुम्हारी निहिति को टोहता
उससे अपनी आँखें माँगना।

विद्रोह

1.

आज जब सारे पत्ते झर गए हैं
देखो! पेड़ क्या कर रहा है –
प्रपर्ण खड़ा है
जिस भेष में
वही तो है, जिसे तुम अपनी भाषा में
प्रतीक्षा लिखते हो

आज जब नीहार पाले में
जम रहे हैं झील और ताल
देखो! पानी क्या कर रहा है –
जड़वत टिका है
जिस स्थावर आयतन में
वही तो है जिसे तुम अपनी भाषा में
संयम लिखते हो

आज जब गिर रहा है
पारे पर तापमान
देखो! आग क्या कर रही है –
ठिठुरते हाथों पर
उड़ेलकर एक धुंधला ग्रीष्म
तुम्हारी भाषा में
लिख रही है विद्रोह

एक नए वसंत को पार करना होगा पूरा पतझड़
झील को यदि बचानी हैं मछलियां
तो जमाना होगा अपना वक्ष
पत्थर करनी होंगी चेष्टाएं अपनी

एक नए दिन के लिए
झेलने होंगे कई-कई रतजगे
हाथों को हाथों के बीच
बचानी होगी आग थोड़ी बहुत।

2.

यह रात बैठी
चौकन्नी – पत्तों की चरमराहटों पर भूँकती
जिजीविषा को पैने दांतों से कुतरती
पंजे मारती ताकने पर उसकी ओर
लाख बल्ब-बत्तियां जलाने पर भी नहीं छोड़ती दरवाज़ा
साँकल पर कुंडली मारकर लटकी है

धीरे-धीरे डंक मारती
पहर-पहर घेरती है
पैर छान लेती है
घूमती है देह की परिधि पर
सूंघती है, अन्दाज़ा लगाती है
जैसे शिकार खोजती हो इस वयस के वन में

यह रात, जिसके ढेंकुल में कुटते आए हैं सपने
खुली नींद की आरी से काटते-काटते जिसे

एक चौथाई उम्र खपी है
पुतलियों में खो गया है जिसका एक पूरा आकाश

यह रात, जिसका रेगिस्तान बिछता चला गया है
अँजोर पर परछाइयों के बढ़ते व्यास की तरह
जिसकी अवधि बढ़ती चली जा रही है
बढ़ती हुई भीतियों के समांतर

यह रात जिसकी सुबह एक सपना है
वह सपना –
जो रोज़ टूटता है
जिसे देखना नहीं छोड़तीं
ये जीवट आँखें।

लक्ष्मणा नदी के लिए

यह तट –
लक्ष्मणा ज्यों उठकर चली गई हो यहाँ से
और यह भीटे भर मिट्टी
अगुराई हुई उसके पाँवों की ओर
सूखे हुए कंठ की पुकार से भरी
मात्र एक देव-स्मृति हो

इस तीरे
जब भी पुकारता हूँ –
ओ नदी! कहाँ हो?
कई-कई फ़ीट अंदर
धरती के गर्भ से छप-छप की अकुंज ध्वनि
चल पड़ती है तल की ओर
लेकिन वह दोनों किनारों पर एक खिंचे हुए शर की
अलघती प्रत्यंचा-सा आकार-यक्ष तिलबिलाता हुआ
लगाता है आवाज़ आबादियों को
और लौट जाती है फिर-फिर नदी
अपने तरल होने की आकांक्षाओं से कोसों दूर

इस विदेह नगरी में
लक्ष्मणा को भी श्राप है
जनाकीर्ण उर्वियों को छोड़
निर्वेगी मन को ढोते हुए
भटकने का – अज्ञातवास की सीमाओं पर

यह जिसे सदानीरा होना था
यह जिसे होना था मेरे होने से पहले और
मेरे बीत जाने के बाद तक भी
यह जिससे जुड़े हैं मेरी आत्मा के मुक्ति के संकेत
उसकी मरती हुई देह के दुर्गंध के पास बैठा
उसके केशों में लिपटे कर्दम-से दुःख धो रहा हूँ

याकि अपनी मुक्ति के बीज बो रहा हूँ
अपने जीवन के बीचोबीच
एक सूखती हुई – प्राणार्द्र नदी की प्रतीक्षा में

हे आपगा!
लखनदेई!
इस तट पर लौट-लौट आओ
तुम्हारे लौटने से उर्विजा अपने पीहर लौटेंगी।

यहीं कहीं

रहो यहीं कहीं —
भाग्य में हृदय में
आस्य पर दृग में
भुवन में, निज में

दिखो यहीं कहीं —
दर्पण में, मेज़ पर
स्वप्न की गोलाई में
नींद में, जाग में

उगो यहीं कहीं —
केदार में, पात्र में
व्योम के भाल पर
साँझ में, भोर में

यदि हो यहीं कहीं
तो संकेत दो —
रचो-बसो
धूप दो, छाँव दो
बाँटो समय को

यहीं कहीं होने से
दुनिया बनती है
इतना सामीप्य तो बिलकुल ही कि
तुम्हारा स्मरण करूँ और
तुम मेरे सामने हो।

अनसुनापन

ऐसा भी हो सकता था कि
अनसुनी बातों का बहरापन
मुझे आवृत्तियों में सुनाई देता और
कह पाने की व्यग्रता सारे स्वर धुँधले कर देती
लेकिन फिर भी कहने-सुनने की प्रायोगिकता बची रहती

मैं तुमसे कहता —
'इतना निर्वात नहीं होना चाहिए था हमारे बीच कि
हमें सुने हुओं के बीच का अनसुनापन सुनाई न पड़े
और अनसुनों के बीच का कहा हुआ सुना जा सके।'

लेकिन मैं यह नहीं कह पाया
या कहे हुए का अनकहापन खा गया
हमारे बीच के सारे समवेत स्वर

कहे हुओं और सुने हुओं के जैसा
अनकही और अनसुनी चीज़ों का भी अपना एक अलग इकट्ठापन होता है।

फ़रवरी

फ़रवरी इतना बुरी भी नहीं है!
मैं यह समझ पाने में हमेशा असमर्थ रहा कि
आदिम सभ्यताओं को इस महीने से इतनी चिढ़ क्यों थी?

रोमन सभ्यता के पुराने लोग
भले फ़रवरी को विषाद और निराशा से जोड़ते रहे हों
विषमताओं में आते हुए सम को अपशकुन मानते रहे हों
या उनके पास कम रहे हों महीने अपने बिछड़ों को याद करने के लिए

लेकिन छूटे हुओं को याद करना इतना बुरा तो नहीं होता
क्या बाक़ी महीनों में उनकी स्मृतियां नहीं लौटतीं?
दो दिन कम कर देने से प्रतीक्षाएं तो छोटी नहीं हो जातीं
स्मृतियों का भार तो उतना ही बढ़ता जाता है
जितना उनकी रुइयों को लेकर
पीड़ा की नदी में पैठता जाता है मन

फ़रवरी तुम्हें दरवाज़ा नहीं लगता क्या?
जिससे ऋतुराज हाथों में पीले फूलों का गुच्छा लिए
पीताम्बर पहने शरद की दूसरी ओर से चला आ रहा हो
मिहिका ने उद्भिजों से लौटने का कर लिया हो क़ौल
एक सुगंध उड़ती हुई आसपास भीनी-भीनी वसंत की
नरम-सी हवा और लौटता हुआ शीत का एक लदा हुआ शकट

मौसम भले कितने भी आते हों
बसंत के आने का सुख

प्रत्याशाओं को पुनर्जीवित कर देता है

पतझड़ की मार झेलता एक प्रपर्ण

अपने तीन-चार पत्तों से लड़ रहा हो

दुर्दिनों का युद्ध

सहसा उतर गया हो जीवन जैसे उसमें

नीड़ों की फूस पर बैठती हुई

संभावनाओं के साथ

मेरा विश्वास करो

जला हुआ सब का सब जा चुका है

यह राख वापस मिट्टी की तरफ़ लौट रही है

नए निर्माण की तरफ़

यह किसी यक्ष का निवास स्थान नहीं है

प्रकृति कभी छल नहीं करती

मैं जानता हूँ इस महीने को

मेरी नसों में बसता है बसंत

हृदय की स्पंदन-ध्वनियों में बजता है फ़रवरी का राग

क्योंकि मैंने पहली साँस यहीं ली थी

यहीं रोया था पहली बार

एक धरती की कोख छोड़कर दूसरी धरती की कोख में आने पर

यही हँसा था पहली बार

एक पेड़ की बड़ी-सी गोद में उतरकर

यहीं मेरी इंद्रियों को जीवनबोध हुआ था पहली बार

इसीलिए मैं जानता हूँ इस महीने के पहलेपन को

तुमसे थोड़ा अधिक शायद

फ़रवरी एक जगह है
जहाँ पहुँचने में मैं पूरा एक साल लगाता हूँ
कभी-कभार ऐसे ही ठिठोली में सोचता भी हूँ कि
बाक़ी महीनों को छोटा करके
उनके दिन फ़रवरी को दे दिए जाएं
ताकि रुकने का अन्तराल
पहुँचने की हड़बड़ी से थोड़ा ज़्यादा हो।

अन्ततः के होने से पहले

युयुत्सा

मोड़ो दिशाओं से अपना रथ
समेटो प्रत्यंचा अपनी
फेरो आयुधों पर पानी
उतारो फरेरें

एक न होनेवाले विस्फोट की
उजड्डु ध्वनि से डरो
भीतियों को करो स्वीकार
तुरगों को दो विश्राम
यह नहीं है समय युद्ध का

अपेक्षाओं से रहोगे निरुत्तर
याचना प्रौढ़ करती जाएगी
मेरुदंड की खड़ी सीध

युद्ध —
मृत्यु देंगे
नहीं देंगे उत्तर

किस बिम्ब को मान लिया है अर्घ्य
कौन दे रहा युयुत्सा
इतनी विपाक कैसे हुई घृणा

ओ अभागे!
युद्ध के बीच खड़ा ईश्वर भी
हिंसा के उपदेश देता है।

युद्ध से पहले

इबादतगाहों में —
सजीव प्रार्थनाएं थीं
ईश्वर के पास नहीं थी करुणा

दफ़्तरों से —
जा चुके थे खटुआ कर्मचारी और
ग़ायब हो गया था एक रोज़नामचा
हाज़िरी की फ़ाइलों पर

पुस्तकालयों में —
दीमक चाट चुके थे
इतिहास और भूगोल की किताबें

घरों में —
भय घुस रहा था धीरे–धीरे
अलविदा की उलझी हुई बड़बड़ाहट के साथ

एक बच्ची ने अभी-अभी पूछा था सवाल
अपने फ़ौजी पिता से —
पिताजी! युद्ध में क्या होता है?

युद्ध के दौरान

चीख़ और शोर के बीच
फटा था कोई बम
वह विस्फोट या धमाके से बिलकुल अलग
हत्या का कोई बेरहम गीत था

एक मुर्दा उठा और
अपनी क़ब्र के पास से गुज़रते
किसी विदेशी सैनिक से पूछा —
समय क्या हुआ है?
क्या युद्ध अब भी चल रहा है?

युद्ध के बाद

इस्पात उग आया था
खेतों के पाट पर

मसान और क़ब्रें बढ़ गई थीं
आबादियों के बीच

लोग भूल-भूल जाते थे रास्ते –
इबादतगाहों के
दफ़्तरों के
पुस्तकालयों के
घरों के

जगहें बदल चुकी थीं

(मौतें उग आई थीं
बदली हुई जगहों पर)

लौटने की दिशा के
सारे साइनबोर्ड
दिखाते थे –
एक मिटी हुई जगह का पता

युद्ध के बाद
शांति निर्वस्त्र खड़ी थी
हिंसा के सामने।

अन्ततः क्या होगा धरती

कितने ही दावेदार थे
तुम्हारी उमड़ती काया के
लेकिन कोई भी सदियों की पीड़ा पालता मन न पढ़ पाया

एक से बढ़कर एक
युद्धों में ख़ुद के विजय पर बढ़ता ढाल लेकर
बने संततियों का अग्रदूत
लहराता ध्वज अपनी छिछली गरिमा का
लसड़ते हुए ख़ून पर से घुटने भर जूते पहनकर
गुज़रता हुआ हर अगली सभ्यता का आदमी

अन्ततः क्या होगा धरती?
क्या तुम्हें पता है प्रारब्ध अपना
क्या तुम जानती हो आख़िरी युद्ध के बारे में भी

क्या सारे युद्धों के बारे में
जो लड़े गए तुम्हारे स्तनों के बीच
जो तुम्हारे लिए लड़े गए
श्रेष्ठता का भौंडा राग अलापते हुए

क्या आख़िरी युद्ध में मरनेवाला आख़िरी आदमी भी
भूख के लिए ही लड़ेगा और
भूख से ही मर जाएगा?

अन्ततः क्या होगा धरती
यह जानते हुए भी जनती रही अपनी कोख से
आदमी की जात
रचती रही उसकी आदिम गरिमा को पोसने के तंत्र

अन्ततः होगा यही
युद्ध युद्ध को खाएंगे
पेट पेट को चबाएगा
कुर्सियां ख़ाली रह जाएंगी
एक विदूषक चढ़ाएगा अपने आगा पर चुटकुलों का रहस्य
नेपथ्य में बजेगा विस्मृति गान
शहर-दर-शहर बढ़ जाएंगी आबादियां
शहर-दर-शहर फैलता जाएगा क़ब्रिस्तानों, मसानों का रकबा

अन्ततः जो होना है, वह नहीं होगा
अन्ततः जो नहीं होना, वह घटता जाएगा
अन्ततः के होने से पहले अन्ततः को बचाया जा सकता है

अन्ततः क्या होगा धरती –
यह कमरिख है या गणना
इसके होने में लिखा है भाग्य का अंत
या दुर्भाग्य कि अन्ततः घट रहा है
अभी जहाँ अन्ततः के अटने का कोई अवकाश नहीं है।

वर्जना

एक कबूतर शहर के सारे
धर्मालयों और मीनारों पर बैठकर
बीट करता है

यदि तुम्हारा ईश्वर
इतना असहिष्णु है
तो क्यों नहीं मार देता सारे कबूतर?

धरती पर खड़े तुम
उठाते रहते हो छोटी-बड़ी उंगलियां
दिखाते रहते हो आसमान की तरफ़

मैं तुम्हें तुम्हारा कहा कुछ याद दिलाता हूँ –
'उँगली दिखाना' मानवीय तौर-तरीक़ों में
वर्जनाओं का एक उदाहरण है।

दृश्यान्त

कभी-कभी घर वे जगहें होती हैं
जहाँ दो वक़्त की रोटी मिल जाए

कभी-कभी देवालय वे जगहें होती हैं
जहाँ शहर के साध्वस से कौंधी हुई
रात बिताई जा सके

कभी-कभी बस स्टैंड या रेलवे स्टेशन वे जगहें होती हैं
जहाँ से ना यात्रा शुरू हो, ना ख़त्म
सिर्फ प्रतीक्षा हो एक सुस्ताती हुई

कभी-कभी संसद वे जगहें होती हैं
जहाँ अशांति के प्रस्ताव पारित होते हैं
और निराशाओं के अग्रदूत मेज़ पीटते हैं

कभी-कभी न्यायालय वे जगहें होती हैं
जहाँ न्याय को आजीवन कारावास जाने का
आदेश जारी होता है

कभी-कभी विद्यालय वे जगहें होती हैं
जहाँ शिक्षा से ज़्यादा महंगा सुविधा-शुल्क होता है

कभी-कभी चौराहा वे जगहें होती हैं
जहाँ बहरी भीड़ करती है हत्याएं
मूक प्रतिमाओं को साक्षी मानकर

कभी-कभी वेश्यालय वे जगहें होती हैं
जहाँ से सिर्फ प्रार्थनाओं की ध्वनि आती है

कभी-कभी सब होता है आँखों के सामने
जगहें अपना मूलभूत स्वरूप छोड़ देती हैं ऐसे
जैसे साँप केंचुल छोड़ जाता है

जगहों की कोई ठोस परिभाषा नहीं होती
वे बस अपने भूत और वर्तमान का
क्षेत्रफल मात्र हैं।

लाठी भी कोई खाने की चीज़ होती है क्या

हमारे देश में लाठियां कब आईं
यह उचित प्रश्न नहीं
कहाँ से आईं
यह भी बेहूदगी भरा सवाल होगा

लाठियां कैसे चलीं
कहाँ चलीं
कहाँ से कहाँ तक चलीं
क्या पाया लाठियों ने
किसने चलाईं लाठियां
कौन लाठियों के बल चला
ऐसे सवाल पूछे जाएं तो बात बने

लाला लाठी खाकर शहीद हो गए
लाठी भी कोई खाने की चीज़ होती है क्या?

आज़ादी पाने के दौरान एक दौर ऐसा भी था
जब एक लाठी कलकत्ता से चम्पारण पहुँच गई थी
सत्ता की क्रूर नीतियों के ख़िलाफ़ खड़ा होने
नीलिया किसानों के साथ
वही लाठी उसी बूढ़े धोतीधारी का हाथ पकड़े
उसे साबरमती से दांडी तक पैदल ले गई

उसके परलोक सिधारने के बाद
उसकी लाठी का चलने के लिए उपयोग कम
भाँजने के लिए ज़्यादा होता आया है

कई संस्थाओं में लाठीधारी देशभक्तों के
प्रशिक्षण की व्यवस्था है

लाठियों से न साम्यवाद आने को है
न ही समाजवाद
न ही लाठियां घुमाकर राष्ट्रवाद का प्रशस्ति-पत्र मिलने को है
लाठियां स्वयं साम्य कहाँ ही हैं
एक जैसी क़द-काठी की लाठियां
सिर्फ प्रशासन के पास हैं
बाक़ी की सारी लाठियां जनता के हवाले

ऐसी लाठियों को रखा जाए संग्रहालयों में
जिनका सौभाग्य महामनाओं का टेक रहा
बच्चों की लटकी पतंगें उतारने का जो साधन बनीं
बुढ़ापे का हाथ पकड़कर जो उन्हें नदियों-हाटों तक ले गईं

बाक़ी लाठियों की जला दी जाए होली
जिन पर पीठ की चमड़ी और
फटे हुए कपालों का ख़ून लगा है

या तोड़कर भरी पूस की रात में
अलाव में लगा दी जाएं
ताकि कोई हलकू वापस घुटनियों में गर्दन चिपकाकर
किसी जबरा से यह न पूछे –
'क्यों जबरा, जाड़ा लगता है?'

हलकू अभी ज़िंदा है
लाठियां भी ज़िंदा हैं
लाठी भी कोई खाने की चीज़ होती है क्या?

पर्याय

1. दुःख

हुआ
और होता रहा
बीतना नहीं आया उसे
जीवन की तरह
रीतना नहीं आया।

2. शोक

अचानक
जैसे अपने शव पर मिट्टी-आग
जाते हुए में गहरे आना
पैठना — आत्मा की तलहट पर।

3. पीड़ा

उगी हुई नागफनी
पर पहले उसके
उगा हुआ रेगिस्तान मन का।

4. व्यथा

हर सम के बाद और पहले का
आगा-पीछा
विषम अपने सम में
दूरियों की गांठ पर।

5. संताप

घुलता रहा हड्डियों में
ज्यों लगता है घुन और
पोला करता जाता है नाज।

6. खेद

विष था
भोग्य के हिस्से आया —
सो पीना पड़ा
मरते में जीना पड़ा।

7. यातना

एक क्षण का पारा फूटकर
कई-कई प्रकाश वर्षों में फैल गया
न सहा गया — न कहा गया।

8. वेदना

रुदाली —
अपना कुछ न था
बिलखी परभाग्य का ऊसर देख-देख।

इतवार

1.

यह इतवार भी चला गया
कहीं नहीं गया वह आदमी
जो चाहता था —
इतवार रुके
और वह चलता बने।

2.

इतनी कीं मिन्नतें
इतने जोड़े हाथ–पाँव
इतना किया इंतज़ार

नहीं लौटता वापस
परदेस में खो गया है कहीं
गाँव का लम्बा–चौड़ा इतवार।

3.

इतवार छिपकली की टूटी हुई दुम है
या तो वापस अपनी जगह पर उग आती है
या दुम में से पूरी की पूरी छिपकली निकाल देती है।

4.

अकेला इतवार —
सो रहा है धूप के सिर चढ़ने तक

भूखा है खड़ा चूल्हे के पास
बाल्टी भर पानी में आधा डूबा हुआ है
आईने के सामने औंधे पड़ा है

अकेला इतवार अकेला है
उसे नहीं ख़बर पड़ोस के बाक़ी दिनों की।

5.

तुमने सोचा है?
यदि होता नहीं कोई इतवार!

तो क्या आदमी बहुत पहले हो गया होता मशीन
या पीट रहा होता माथा दफ़्तरों में टेबलों पर
या रट रहा होता कोई पाठ बैठा घिसे-पिटे पाठ्यक्रम का

या होते लाख-लाख बहाने प्रेमियों के
बना लेने को – मना लेने को अपना एक अलग इतवार
या होतीं अर्ज़ियां इतवार की रोती-बिलखती

इतवार नहीं होता
तो कहाँ जाती इच्छाएं
जो रोज़ बनती-खनकती रहती हैं
जीवन के टकसाल में

एक रिक्शेवाला कहीं-किसी पार्क, म्यूज़ियम, थिएटर, सिनेमा हॉल, स्टेशन
या बस अड्डे की ओर जाती सड़क पर उसी सिक्के के इंतज़ार में खड़ा होता है
चिलकती धूप में – कड़कती ठंड में – अपना इतवार ढूँढ़ते।

अनुमान

कितना

कितने कम शब्दों में
अपना होना बताया जा सकता है कि हूँ

कितने कम शब्दों में
अपनी इच्छा कि रहो

कितने कम शब्दों में
दुनिया कि सब

कितने कम शब्द लगते हैं कि
वे उतने में ही हैं अधिक

कितना अधिक कि तुम
कितना अधिक कि हम

कितने कम में कितना अधिक कि
कितने अधिक में कितना कम।

वे

वे मांगते हैं
धूप, मिट्टी, बारिश
प्रार्थनाओं में

उनका लोहा उन्हें मालूम है कि
अपना कपास वे ख़ुद उगा सकते हैं।

समर्थता

एक दिन इच्छा
समर्थता में बदल जाती है
और मांगती है कि
हम तब भी उतने सरल बने रहें
जितनी सरलता से हमने उसे चाहा था

न कि अपने संघर्षों जितने कठोर होते चले जाएं।

घर

कहीं है वह
जिसे लौटने की जगह नहीं कह सकता अभी

अभी बंद हैं सब किवाड़
मन के

अंदर हूँ या बाहर –
नहीं जानता।

यहाँ

अपने होने को
ठीक-ठीक बतलाने में

जाने कितनी बार
बदलना पड़ता है कि
वहाँ नहीं –
यहाँ!

कितनी प्रतीक्षा और बची है

अभी कितने ज्वार आने शेष हैं

कितनी परिक्रमाएं और बची हैं पृथ्वी की

कितने चांद और कितनी ईदें

कितने फागुन और कातिक

कितने फूल खिलने और मुरझाने को

कितनी बार बचा है पुकारना

कितना और कितना

शेष में और कितना शेष

कितनी होगी पुहुमी निकलने को बाहर अपने अंतर से

कितने पवि पार करने को होंगे शेष

हमारी गदोरियों पर नियति की और कितनी हराई रहेगी बची

कितनी बार पपोटे गिरेंगे और उठेंगे

देखने को वह प्रत्यक्ष

जिसके मेरुकल्प से स्थगित है

मृत्यु इस जीवन में कई-कई बार

कितना सुंदर शेष रहेगा

जिसे हम कहते रहे सुंदर

अपनी दुनियाओं में झांकते हुए

कितना सामर्थ्य और शेष होगा

फैलाने को अपने पखौटे

उस देस को उड़ने
जहाँ नहीं उठेंगे हाथ हिंसा में
न्यूनतमों में भी नहीं
नहीं होंगी हत्याएं — नहीं उगती होंगी गालियां
द्वैध के दालानों पर

कितना बचना होगा
भविष्य में बचने के लिए
वर्तमान से

कितना समय और है
समय के पास शेष

कितनी दूर हो तुम
दूरियों में शेष

कितनी प्रतीक्षा और बची है?

हेत्वाभास

लिखना लिखने की तरह नहीं
सुनने की तरह
उस आत्मगीत के व्याप में
जिसमें शब्द अतिरिक्त हैं

सुनना सुनने की तरह नहीं
पाने की तरह
जैसे एक नई भाषा सुलझती है धीरे-धीरे
चीन्हने के लिए प्राण-अप्राण

बोलना बोलने की तरह नहीं
पहुँचने की तरह
जैसे नदियां पहुँचती हैं
चिट्ठी के भेष में
जो पहाड़ युगों-युगों से सिरज रहे हैं
सागर के नाम

मिलना मिलने की तरह नहीं
घुलने की तरह
जैसे घुलती हैं ऋतुएं एक-दूसरे में
बाँटतीं अपनी धूप-छाँह

जाना जाने की तरह नहीं
लौटने की तरह
जैसे लौटती है आवाज़ें
उतनी ही
जितना विराट होता है उनका एकांत।

और भी कम

एक पत्ता गिरा
उलटे आसमान को और
सहसा दुःख के हंसने की आवाज़ आई

दुःख का हंसना
आसमान की उलट की तरह उलटा नहीं
एकदम सीधा था
वह हंसता जाता था
बदलते हुए कपड़े
उलटते हुए मुखौटे भरसक

कैसी-कैसी अभागी आशाएं हैं
बस एक सुथरे दिन की
जिन्हें घोंटने तक के लिए करनी पड़ती है लाख चिरौरियां

जीवन के वश में
हताशा के कूबड़ पर हथौड़ी ठोकना है
मरघटिया तक जाने के रास्ते पर
कैसे अजीब खेल में फंसा देती है मृत्यु

बीतते हुए के भ्रम में
इतना भी कठिन नहीं
गंतव्य को देखना

कठिन है महसूसना कि
कितना कम समय है
मोह के लिए

प्रेम के लिए
और भी कम।

असमाप्त

इतना होगा काम कि
असमाप्त ही रहेगा
जीवन में अंटने के लिए फिर भी – अपर्याप्त

किस तरह से अव्यक्त और अव्याप्त
कैसी इतनी संलिप्तताएं
जब सब कुछ इतना अनिर्धारित

नया और नया और उससे भी अधिक नया होते जाने के लिए
कितना पुराना होता जाऊँगा
किसी पते की तरह
बदलती हुई चौहद्दियों के बीच

बीतने की सुई में चलने का तागा नहीं
भागने का मोटा ऊन
खीसे की सिलाइयां बांधते रहने के लिए

आते-आते में ही आएगी जाने की पाली
ऐसे अचूके भ्रम से घिरी हुई
इतनी महान आबादियां कि
अव्यस्त होने के लिए ही जोती गई हैं सब व्यस्तताएं
इस दुनिया में

एक ठगे हुए इतवार की तरह

जीवन भी ठगा हुआ-सा

इतना होगा काम
न सोचा था –
समाप्त होते हुए भी
असमाप्त ही रहेगा
जीवन में अंटने के लिए फिर भी – अपर्याप्त।